¿El arte a la deriva?

Marie-Claire Uberquoi es crítica de arte, periodista, comisaria de exposiciones y exdirectora de Es Baluard Museo de Arte Contemporáneo de Palma de Mallorca. Ha sido profesora invitada en el Máster Conservación y exhibición de arte contemporáneo (CYXAC) en la Facultad de Bellas Artes del País Vasco de 2011 a 2020. Entre 1992 y 2004 trabajó en la sección de cultura del diario *El Mundo*. Licenciada en Literatura española e iberoamericana por la Université de Nancy, ha realizado una *maîtrise* sobre el arte español y una tesis sobre Joan Miró en la Université de Paris IV Sorbonne, dirigida por Paul Guinard. Ha colaborado en publicaciones como *Avui*, *Diari de Barcelona*, *Art Press*, *Diario 16*, *El Cultural* y *Descubrir el Arte*, y en las editoriales Labor y Planeta-Larousse (especialidad: ilustradores, humoristas gráficos y dibujantes de cómics). Es autora de monografías sobre Vasili Kandinski y sobre Auguste Renoir, y ha comisariado exposiciones para diferentes instituciones: *Toulouse-Lautrec* en la Fundació Caixa de Barcelona (1985); *Art contre /Against Apartheid* en el Palau Robert, Barcelona (1985); *Folon* en la Fundació Caixa Cataluña La Pedrera (1993); *Antoni Taulé. La magie du silence* (2010) y *Jorge R. Pombo. Viaje a la esencia de la pintura* (2018) en la Fundación Vilacasas en Barcelona; *Erró, el ojo planetario* en la Fundació Stämpfli Art Contemporani en Sitges (2012), y organizó para el Museo Es Baluard muestras dedicadas a Erró, Jaume Plensa, Joan Brossa, Fabrizio Plessi y Antoni Miralda, entre otras.

Biblioteca

MARIE-CLAIRE UBERQUOI

¿El arte a la deriva?

DEBOLS!LLO

Papel certificado por el Forest Stewardship Council®

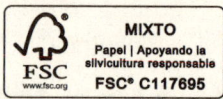

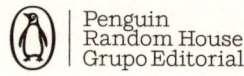

Penguin
Random House
Grupo Editorial

Segunda edición, actualizada y ampliada: septiembre de 2024

© 2004, 2024, Marie-Claire Uberquoi
© 2004, 2024, Penguin Random House Grupo Editorial, S.A.U.
Travessera de Gràcia, 47-49. 08021 Barcelona
Diseño de la cubierta: Penguin Random House Grupo Editorial
Imagen de la cubierta: Uwe Zucchi/PA/ACI

Penguin Random House Grupo Editorial apoya la protección de la propiedad intelectual. La propiedad intelectual estimula la creatividad, defiende la diversidad en el ámbito de las ideas y el conocimiento, promueve la libre expresión y favorece una cultura viva. Gracias por comprar una edición autorizada de este libro y por respetar las leyes de propiedad intelectual al no reproducir ni distribuir ninguna parte de esta obra por ningún medio sin permiso. Al hacerlo está respaldando a los autores y permitiendo que PRHGE continúe publicando libros para todos los lectores. De conformidad con lo dispuesto en el artículo 67.3 del Real Decreto Ley 24/2021, de 2 de noviembre, PRHGE se reserva expresamente los derechos de reproducción y de uso de esta obra y de todos sus elementos mediante medios de lectura mecánica y otros medios adecuados a tal fin. Diríjase a CEDRO (Centro Español de Derechos Reprográficos, http://www.cedro.org) si necesita reproducir algún fragmento de esta obra.

Printed in Spain – Impreso en España

ISBN: 978-84-663-7629-7
Depósito legal: B-11.258-2024

Compuesto en M. I. Maquetación, S. L.
Impreso en Novoprint
Sant Andreu de la Barca (Barcelona)

P 3 7 6 2 9 7

A Rai Ferrer, compañero de mi vida

À ma mère

À Hélène y Jeannine pour leur amitié
et pour leur complicité intellectuelle

ÍNDICE

NOTA A LA NUEVA EDICIÓN

Desde la primera edición de este ensayo en 2004, el protagonismo del arte contemporáneo no ha parado de crecer en los cinco continentes, síntoma evidente de su vitalidad. El número de ferias y de bienales se ha multiplicado en todo el mundo; se han creado nuevos museos y otros se han ampliado, mientras las casas de subasta han seguido cosechando beneficios millonarios gracias a la aparición de nuevos coleccionistas procedentes de Asia, especialmente de China y de la India. Según un informe de Artprice, entre los años 2000 y 2023, el mercado de arte contemporáneo ha aumentado en un 2.200 % el volumen de ventas de las subastas. Ni la crisis financiera de Lehman Brothers en 2008 ni la epidemia de COVID en 2020 frenaron la especulación, tan sólo ralentizaron de forma temporal la dinámica del mercado que en gran medida determina las pautas de la creación actual.

Los artistas del *star system*, como Damien Hirst, Jeff Koons, Maurizio Cattelan o Takashi Murakami, no solamente han mantenido su estatus, sino que han incrementado de manera exponencial su cotización, sostenida por grandes instituciones museísticas y poderosos galeristas y coleccionistas. En breves palabras, sigue triunfando la cultura superficial de la fama, del lujo y de la moda, es decir, la cultura del espectáculo. Unas circunstancias que desvirtúan la percepción de la creación artística y contribuyen a marginar a aquellos creadores que, lejos del ruido mediático y del sensacionalismo, todavía reivindican valores como la originalidad, la innovación, el compromiso personal e incluso la belleza, una palabra muy devaluada en estos tiempos.

De modo que los hechos que se comentaban entonces en *¿El arte a la deriva?* permanecen vigentes e incluso en algunos casos se han acentuado. La frontera entre el mundo del arte y el mundo ordinario resulta cada vez más borrosa en detrimento de la autonomía del arte. El eclecticismo se mantiene como la nota dominante de la creación plástica, en la que el desarrollo del videoarte ha sido imparable, acompañado sin embargo por un interés renovado por la pintura en ferias y galerías de arte. Mientras tanto, la evolución de las nuevas tecnologías, que han entrado de lleno en nuestras vidas, cautiva a numerosos artistas, que utilizan las redes sociales como Instagram para difundir sus trabajos, o experimentan con la inteligencia artificial o con los NFT (acrónimo de *Non Fungible Token*), la gran novedad para los coleccionistas aficionados a las criptomonedas.

Pero, además, en estas dos últimas décadas conviene destacar la aparición de nuevos fenómenos que han marcado la sociedad y que, por supuesto, han tenido repercusiones en el arte y en la cultura en general. Vivimos en plena dictadura de lo políticamente correcto, lo cual a menudo hace peligrar la libertad de expresión, y desemboca en la llamada *cancel culture*. El neofeminismo, la inclusión, la obsesión por la diversidad, la ecología radical, las cuestiones de género y la reivindicación de las minorías se han convertido en los nuevos dogmas que dominan el mundo de la cultura y cuya influencia en el arte ha provocado nuevas derivas hacia el activismo político; una opción que parece ser casi un imperativo, a juzgar por los contenidos de las recientes ediciones de Documenta y de la Bienal de Venecia, y por la programación de numerosos museos de arte contemporáneo.

En el capítulo final que completa esta reedición de *¿El arte a la deriva?*, se abordan todos estos temas que ocupan la primera línea de la actualidad, protagonizada por artistas que se erigen en apóstoles de las «buenas causas» con obras que no siempre resultan pertinentes (hay excepciones, por supuesto) y cuya sobreexposición impide dar cuenta de muchas otras facetas de la creación actual. Porque ¡ojo con aquellos artistas que no se ajustan a estos nuevos dogmas! Corren el riesgo de ser marginados o, peor aún, de ser tachados de conservadores o de reaccionarios.

INTRODUCCIÓN

La primera obra que podía verse en la Documenta de Kassel del año 2002 era una instalación de la artista iraní Chohreh Feyzdjou (1955-1996), que por su atmósfera funesta arrojaba en el ánimo del espectador más optimista un auténtico jarro de agua fría. El visitante tenía la extraña sensación de deambular por los almacenes de un museo abandonado. Se amontonaban allí viejos lienzos enrollados, misteriosas reliquias encerradas en frascos de cristal, arcones y cajas cubiertos de una espesa capa de pigmento negro, como si hubiera caído sobre ellos una lluvia de carbón. La pieza, creada en 1995, resultaba sin duda algo impactante, porque era como encontrarse ante una metáfora de la muerte del arte. Y es que la verdad, como introducción a la manifestación artística más prestigiosa del mundo, el montaje, titulado *Products of Chohreh Feyzdjou*, no estaba mal elegido...

Curiosamente la segunda propuesta que esperaba al público en el Museum Fridericianum, la sede principal de Documenta, era una obra muy distinta: un conjunto de 2.782 hojas mecanografiadas, creado por la alemana Hanne Darboven (1941), que formaba un inmenso *mosaico* de textos ilegibles reunidos con el título *Leben, Leben* (1997-1998). El visitante miraba atónito todos aquellos metros de papel impreso sin entender muy bien adónde quería ir a parar la artista. De hecho, estos textos no servían para transmitir ningún mensaje concreto y sólo se utilizaban como si fueran páginas dibujadas. Se trataba de una creación en el más puro estilo conceptual de los años sesenta, cuya característica principal es hacer prevalecer la idea sobre cualquier otra consideración, con el riesgo incluso de aniquilar la propia obra de arte.

La presencia estratégica de ambas instalaciones resulta bastante reveladora de dos síntomas que afectan al arte de nuestro tiempo: por una parte, la agonía de cierto concepto de la creación plástica, con la pérdida de su valor estético en favor de otros intereses, y, por otra, su radicalización hasta destruir su capacidad de comunicación.

A lo largo del siglo XX, la evolución del arte se ha caracterizado por rupturas sucesivas, deconstrucciones y transgresiones de los modelos que le han precedido, hasta poner en tela de juicio la propia práctica artística. ¿A fuerza de cuestionar la tradición, habría llegado el arte al extremo de autodestruirse, en un proceso iniciado con la brecha abierta por Marcel Duchamp, que no ha dejado de acentuarse hasta la actualidad?

La pregunta sobre el fin del arte no es nueva. Ya se la planteó Hegel hace casi dos siglos cuando escribió:

> El arte ya no proporciona esa satisfacción de las necesidades espirituales que en otros tiempos los pueblos buscaron y encontraron en sus manifestaciones. La hermosa época del arte griego así como la edad de oro de finales de la Edad Media ya han pasado ... El arte ha perdido para nosotros su verdad y su vida.

Es cierto que el arte ha cambiado de significado conforme iba despojándose de todas las tradiciones. Pero si analizamos lo ocurrido en los últimos cincuenta años en la creación occidental, parece que el fenómeno se ha precipitado. Algunos piensan que se ha tocado fondo y hablan de las imposturas de la creación actual, que consideran vacía de contenidos y manipulada por el mercado. Otros sostienen que la modernidad no es solamente hacer tabla rasa de todo lo anterior, sino un impulso para descubrir nuevos aspectos de la realidad con trabajos que, por supuesto, no tienen ya nada que ver con el goce estético o la idea de contemplación.

Lo cierto es que la crisis de las vanguardias históricas y el cuestionamiento del concepto de modernidad ligado a la idea de progreso han propiciado reacciones diversas en el ámbito de la creación plástica que han hecho tambalear lo que hasta ahora entendíamos como obra de arte. Frente a este callejón que parecía sin salida, los artistas intentaron abrir nuevas vías, adentrándose en ámbitos extraartísticos, como son la sociología, la política o la antropología, por medio de trabajos más cercanos a la investigación científica o incluso al periodismo.

La famosa declaración de Joseph Beuys, el gran predicador del arte contemporáneo, según la cual hay que borrar los límites entre arte y vida, ha dado lugar a una gran confusión de criterios. El rechazo del objeto artístico, la creación de instalaciones y de acciones efímeras, la explotación publicitaria de obras falsamente provocadoras y el fenómeno de la banalización del arte ligado al desarrollo de la «cultura basura» ampliamente difundida por los *media*, han provocado una deriva del arte hacia terrenos inciertos. Una de las consecuencias de este fenómeno ha sido la aparición de numerosas obras insignificantes y pobres de contenido que a menudo impiden emerger las creaciones auténticamente originales. «La mayor parte del arte contemporáneo se dedica exactamente a esto: apropiarse de la banalidad, el despojo y la mediocridad como valor y como ideología», se quejaba el sociólogo francés Jean Baudrillard en su libro *Le complot de l'art* (1999).

Y todo esto ha ocurrido gracias al consenso de buena parte del *establishment* artístico y a la fecunda alianza entre los museos, la crítica y el mercado. En la prensa los especialistas han dejado de forma paulatina de emitir juicios argumentados para dedicarse a describir las obras o a explicar su elaboración, porque lo que cuenta hoy en día ya no es la obra en sí, sino el proceso creador del artista. Lo importante es apostar por *lo nuevo* y justificarlo, sin cuestionar su contenido, ya sean las rayas de Daniel Buren, los platos rotos de Julian Schnabel o la ternera en formol de Damien Hirst.

De todas maneras, ¿quién iba a quejarse de las supuestas derivas de la creación plástica en un contexto en el que el arte nunca ha despertado tanto interés, al menos en apariencia? En los últimos años hemos visto proliferar por doquier toda clase de museos de arte contemporáneo. Al mismo tiempo, las grandes exposiciones se han convertido en fenómenos mediáticos que atraen a un público cada vez más numeroso y devoto, dispuesto a soportar colas monumentales para entrar en los santuarios de la modernidad. El turismo cultural ha conocido un desarrollo sin precedentes con la organización de vuelos chárter y viajes en autocar para no perderse el acontecimiento del año, en Madrid, Amsterdam, Londres o París. En el ámbito del mercado, algunos artistas vivos, como Jasper Johns, han batido récords de cotizaciones, al tiempo que las casas de subasta decidían ampliar su negocio al arte contemporáneo y las galerías multiplicaban sus esfuerzos para lanzar a los jóvenes valores recurriendo a técnicas de marketing.

En las dos últimas décadas, España tampoco se ha quedado atrás, aunque aquí el coleccionismo sigue siendo todavía una actividad bastante limitada. El arte se puso de moda entre nosotros en los años ochenta, gracias a la proyección de la Feria de Arte Contemporáneo, ARCO. El éxito popular de este certamen es un auténtico fenómeno sociológico. Cada año miles y miles de personas se acercan allí para descubrir *lo más nuevo*, es decir, la creación más reciente, que no siempre es original, inédita o transgresora, como podría esperarse. Pero no importa, porque el mercado y también el museo pueden absorberlo todo, incluso las propuestas que niegan la propia obra de arte o que simplemente resultan insignificantes. Se ha querido aquí recuperar el tiempo perdido y, en nuestro afán por ser «modernos» a toda costa, hemos apostado casi ciegamente por lo actual, sin dejar que surja un verdadero debate, y olvidando que en nuestro país existen todavía grandes lagunas en la difusión de las corrientes más significativas del siglo XX.

El arte de la pasada centuria es un conjunto de manifestaciones bastante complejas, en el que se entrecruzan tendencias contradictorias. Pero la radicalización de determinadas actitudes durante los últimos cuarenta años ha acabado por llevar el arte hacia un proceso de deshumanización, con su consecuente pérdida de sensibilidad. Cuando aún no nos habíamos repuesto del abandono de la fe en el progreso, a mediados de la década de los noventa llegó la avalancha de las nuevas tecnologías que arrastraría con ella a todos los sectores de la sociedad, incluyendo, por supuesto, el arte. En un mundo tan ansioso de novedades como el nuestro, la creación por ordenador ha deslumbrado a muchos artistas, que se han precipitado a explorar sus posibilidades y con frecuencia confunden el medio con el mensaje.

1

LA CONSAGRACIÓN DEL OBJETO

La desmaterialización del arte y la pérdida de su poder de comunicación son el resultado de una confluencia de planteamientos que han hecho estallar la noción de obra de arte hasta vaciarla de su sustancia, tal y como veremos más adelante. Estamos ante un fenómeno complejo que se ha desarrollado durante la segunda mitad del siglo XX bajo la influencia de diferentes factores. Iniciado por Marcel Duchamp, el proceso de desacralización del arte, que poco a poco ha ido perdiendo su aura de creación sublime y elitista, pasa por lo que llamaremos la «consagración del objeto». La evolución acelerada de la civilización industrial y el impulso de la sociedad de consumo han tenido, como era de prever, sus consecuencias en el ámbito artístico. Su resultado más espectacular sería la aparición, a principios de los sesenta, de la movida artística del pop art, que tuvo *la virtud* de elevar la realidad más banal y cotidiana a los altares de la *high culture*. Nunca hasta entonces los artistas habían sentido tanta fascinación por el objeto trivial, convirtiendo coches, hamburguesas o latas de cerveza en protagonistas de sus obras.

Aceptada como la primera gran corriente norteamericana, el pop art nació como una reacción al expresionismo abstracto de Willem de Kooning, Robert Motherwell, Jackson Pollock, Mark Tobey, Franz Kline y Mark Rothko. Durante la década de los cuarenta, todos estos pintores hicieron de Nueva York la capital del arte, usurpando así el protagonismo a París. La Segunda Guerra Mundial había modificado profundamente el paisaje artístico internacional y la ciudad de los rascacielos pasó a convertirse en el único centro cultural vivo, donde fueron a refugiarse numerosos creadores europeos, como Max Ernst, Yves Tanguy, André Masson, Salvador Dalí, André Breton y Marcel Duchamp. El final del conflicto coincidió con una etapa de prosperidad y los norteamericanos afortunados se entregaron sin reparo a su impulso consumista. Por supuesto el mercado del arte se benefició muy pronto de esta situación tan favorable. En Nueva York, entre 1940 y 1946, el número de galerías pasó de cuarenta a ciento cincuenta y las ventas de obras de arte contemporáneo se incrementaron en un 300 por ciento. La audacia y la habilidad de galeristas como Peggy Guggenheim, Betty Parsons, Sam Kootz y Sydney Janis hicieron del expresionismo abstracto la nueva bandera del arte internacional. Nueva York comenzaba ya a marcar las tendencias y a llevar la batuta del mercado.

A partir de ese momento las cosas iban a acelerarse. Después del expresionismo abstracto, el lanzamiento norteamericano del pop art fue algo mucho más espectacular en todos los sentidos de la palabra. Primero porque sus obras atraían la mirada como los propios anuncios publicitarios que las inspiraban. Y también porque algunos de sus autores, como Andy Warhol, se comportaron como auténticas estrellas y entraron a formar parte del llamado *star system*.

El pop art es una corriente radicalmente opuesta al expresionismo abstracto. La pintura no figurativa de Pollock, De Kooning, Motherwell y Rothko tiene sus raíces en la vieja Europa, y su contenido se caracteriza por un trasfondo espiritual a menudo teñido de lirismo o de dramatismo, algo absolutamente ausente en las obras del pop. Los artistas del pop se limitaron a plasmar lo que tenían a la vista, trasladándolo al ámbito del arte, sin mayor trascendencia. Se dedicaron así a transformar en iconos los objetos industriales y los productos de consumo, que inundaban la sociedad del bienestar, es decir, la norteamericana.

Pero la idea del pop no era del todo nueva. Casi cincuenta años antes Marcel Duchamp (1887-1968) había lanzado su primer ataque contra la noción tradicional de la obra de arte, creando sus famosos *ready made*: «objetos manufacturados elevados a la dignidad de obra de arte por la propia elección del artista», según la definición dada por André Breton en 1934.

El primer *ready made* se remonta a 1913. Se trata de una rueda de bicicleta que Duchamp sujetó a un taburete de cocina. Después vendrían el portabotellas, el urinario, el colgador de sombreros y la pala de nieve, entre otros. Con estos inventos se cuestionaba el mismo estatuto de la obra de arte, una actitud que a partir de los años cincuenta sería retomada y explotada hasta la saciedad por una multitud de discípulos e imitadores. Para restar importancia a este gesto transgresor, el propio Duchamp señalaría que en su trabajo no había nada de provocación. Cuando el crítico francés Pierre Cabanne le preguntó en su libro *Entretiens avec Marcel Duchamp* (1967) cómo había llegado a elegir un objeto de serie para convertirlo en una obra artística, el creador francés le contestó:

> Debo hacerle notar que no quería convertirlo en una obra. Cuando puse una rueda de bicicleta sobre un taburete y la horquilla cabeza abajo, no había en ello ninguna idea de *ready made*, ni siquiera de cualquier otra cosa; se trataba, simplemente, de un entretenimiento ... La palabra *ready made* se me presentó después, el año 1915, durante mi estancia en Estados Unidos. Parecía adecuarse perfectamente a las cosas que no eran obras de arte, que no eran esbozos o que no se aplicaban a ninguna de las expresiones aceptadas en el mundo artístico.

En cuanto a la elección de cada objeto, Duchamp confesaba que era algo muy difícil porque «hay que llegar a una especie de indiferencia tal que uno no posea emoción estética. La elección de los *ready made* está siempre basada en la indiferencia, así como en una carencia total del buen o mal gusto». Duchamp, que detestaba «el arte retiniano», según su propia expresión, adoptó frente a la creación una actitud totalmente desapasionada que mantuvo toda su vida. Pero sus *ready made* han tenido consecuencias que han ido mucho más allá de lo que él mismo pretendía. En su origen, los *ready made* respondían a un gesto gratuito o a un juego dadaísta. El artista les daba tan poca importancia que la mayoría de las piezas originales se perdieron y fueron posteriormente reconstruidas. Duchamp tardó mucho tiempo en reconocer aquella definición de Breton y en aceptar que se había convertido en un profeta de la vanguardia. El historiador de arte Jean Clair, comisario de la retrospectiva de Marcel Duchamp organizada en el Centre Georges Pompidou de París en 1977, asegura en su libro *Sur Marcel Duchamp et la fin de l'art* (publicado en 2000) que «fue bajo la presión de los neodadaístas, que deseaban enrolarle en su cofradía, cuando el artista acabó resignándose a integrar las filas de la vanguardia».

Sea como fuere, los *ready made*, que inicialmente transformaron el objeto artístico en algo completamente irrisorio, se han convertido en iconos de la modernidad y en obras fetiche. En 1999 una réplica de *Fontaine*, el célebre urinario de 1917, fue adjudicada por Christie's en Nueva York por 1.700.000 dólares. Pero no solamente la cotización de sus obras subió como la espuma, sino que durante más de medio siglo centenares de artistas se han reclamado seguidores de Duchamp, desde los inventores del pop art hasta los posmodernistas como Jeff Koons, pasando por los conceptuales, los minimalistas y los creadores de instalaciones y performances. Una herencia que ha sido tantas veces reinterpretada y desvirtuada hasta llegar en algunos casos al agotamiento y a la mediocridad más absoluta. Porque, entre otras cosas, ¿cómo dar continuidad a una actitud artística que por sí misma parecía haber llegado a una situación límite, sin caer en la simple reiteración de un comportamiento nihilista?

Los primeros en sentirse herederos de Duchamp fueron los artistas del pop. Los pioneros Jasper Johns (1930) y Robert Rauschenberg (1925) hicieron del objeto de consumo cotidiano el centro de sus obsesiones. Los dos querían desmarcarse de la pintura abstracta para irrumpir en la escena artística con propuestas radicalmente distintas. Un día uno de los máximos representantes del expresionismo, Willem de Kooning, le comentó al joven Jasper Johns, en un tono más bien bromista, que el galerista neoyorquino Leo Castelli —el gran *marchand* de los artistas pop— sería capaz incluso de vender latas de cerveza. Pero Jasper Johns se tomó muy en serio esta *boutade*. En 1960 realizó una réplica en bronce de una lata de cerveza Ballantine, que después fue, efectivamente, expuesta y vendida por Leo Castelli.

Esta anécdota es bastante reveladora de la actitud estética de Jasper Johns ante el pop art. Entre 1954 y 1955 Johns había pintado la serie de dianas y algunos cuadros con la reproducción de la bandera estadounidense que le harían tan famoso. En estas obras, al igual que en el caso de la lata Ballantine, Johns buscaba un parecido con el objeto real, aunque no la reproducción exacta como lo haría Andy Warhol en 1964 con sus cajas de estropajo Brillo. A Johns le ha gustado siempre mantener una relación sensible con la pintura y, de hecho, en su trayectoria posterior no solamente se alejaría del pop, sino que incluso en 1970 abandonó la figuración para concentrarse en la pintura abstracta. Mientras tanto sus banderas y sus dianas de colores vivos y desprovistas de cualquier emoción se habían convertido en iconos, y con ellos Leo Castelli —que fue su galerista durante más de cuarenta años— conseguiría muchísimo dinero.

En el caso de Robert Rauschenberg, su interés por el objeto iba más allá de la simple reproducción. Cuando iniciaron su carrera, Rauschenberg y Johns eran íntimos amigos y los dos se ganaban la vida decorando juntos los escaparates de Tiffany's, en Nueva York. Pero a partir de 1961 pasaron a convertirse en rivales, iniciando cada uno por su lado caminos divergentes. Desde mediados de los años cincuenta, Rauschenberg había empezado a crear sus *combine paintings* (pinturas combinadas), en las que el artista norteamericano introducía objetos diversos procedentes de todos los ámbitos de la realidad.

En esta práctica, Rauschenberg recogía el legado de los dadaístas y más especialmente la herencia de un pionero, el alemán Kurt Schwitters (1887-1948), quien entre los años 1918 y 1930 realizó unos maravillosos collages y unas curiosas construcciones, llamadas por el artista *Merzbau*, en las que juntaba todo tipo de materiales heteróclitos. Sin embargo, el propósito de estos creadores es radicalmente distinto. La preocupación esencial de Schwitters era buscar nuevos efectos estéticos, creando composiciones con un contenido poético extraordinario. Actuaba así como una suerte de mago, configurando mediante la combinación de elementos tan humildes como un billete de tranvía, un corcho o un trozo de papel de embalaje, auténticas obras maestras.

Rauschenberg, por su parte, trabajaba con una escala mucho mayor, llamando la atención por medio de imágenes agresivas y chocantes. Para conseguirlo, no se conformaba con evocar en sus obras los productos de la sociedad de consumo, sino que incorporaba también «verdaderos trozos de la realidad», según sus propias palabras. Así el artista norteamericano no ha dudado en integrar en sus cuadros-assemblage animales disecados tales como un águila en *Canyon* (1959), de la colección Michael e Ileana Sonnabend, y una cabra de angora en *Monograma* (1955-1959), propiedad del Moderna Museet de Estocolmo. Se trata de dos de sus *combine paintings* más emblemáticos, que sintetizan la actitud del artista ante la pintura, demostrando su voluntad de conectarla con la realidad sin ningún tipo de limitaciones. Los historiadores consideran que las *combine paintings* constituyen el lazo entre el expresionismo abstracto y el pop art, porque, entre otras cosas, Rauschenberg solía mantener la estructura del cuadro. Pintaba su superficie con una factura más o menos expresionista, sobre la que pegaba después el objeto. Con estos assemblages y con sus pinturas serigrafiadas, en las que reproducía de forma mecánica fotografías e imágenes encontradas en la prensa, Rauschenberg consiguió un éxito considerable. Tan sólo en 1963 celebró tres exposiciones, dos en la galería de Ileana Sonnabend y otra en la de Leo Castelli. Y al año siguiente le otorgaron el gran premio de pintura en la Bienal de Venecia. Aquello fue una auténtica revolución, no sólo porque era la primera vez que lo ganaba un norteamericano, sino porque cambiaba radicalmente el panorama internacional, ya que a partir de esa fecha se ha considerado siempre que Nueva York, definitivamente, había destronado a París como capital del arte.

«El tiempo de los "-ismos" parisinos se había ya acabado. A partir de entonces ningún término genérico del arte contemporáneo puede pretender una aceptación mundial si no ha recibido previamente la sanción de la crítica, de la prensa, del público y de los galeristas norteamericanos», señaló Pierre Restany en su libro *Le nouveau réalisme* (1978). La entronización del pop art en Nueva York fue un fenómeno fulgurante, a pesar de que en sus inicios la prensa reaccionó con cierta frialdad. «Es una broma sin gracia», escribió en *The New Yorker* el prestigioso crítico Harold Rosenberg hablando de las primeras obras pop. Pero la reticencia duraría poco. «El pop art rejuveneció por completo el mundo neoyorquino. Significó para las galerías, los coleccionistas, los asiduos de las exposiciones, la prensa especializada y los ingresos de los artistas lo mismo que los Beatles significaban por aquel entonces para el mundo del disco. ¡Era el deshielo! ¡La primavera!», escribe Tom Wolfe en su libro *La palabra pintada* (1975).

Nacido de una forma distinta de entender el mundo urbano y el folclore típico del *American way of Life*, el pop art es una corriente realista que se propagó a gran velocidad. Pero la palabra «pop» no viene, sin embargo, de Estados Unidos sino de Inglaterra. Fue empleada por primera vez en 1956 por el crítico británico Lawrence Alloway para designar las obras de un grupo de artistas londinenses reunidos en el ICA (Institute of Contemporary Arts), del que por aquel entonces era director. El grupo estaba encabezado por Richard Hamilton (1922), pionero del pop art en Gran Bretaña y autor del famoso collage *¿Qué es lo que pueden hacer nuestros hogares de hoy tan diferentes y tan atractivos?* (1956), un collage que reproduce el interior de un piso neoyorquino en el que un campeón de culturismo enarbola un artilugio con la inscripción de la palabra «pop». Era el primer manifiesto pop, *avant la lettre*, ya que la palabra, que viene de *pop(ular)*, no fue acuñada hasta 1963 por el propio Alloway, que entonces dirigía el Guggenheim Museum de Nueva York. Era el momento en el que comenzaba a apoderarse del mundo del arte norteamericano cierta efervescencia.

Entre 1962 y 1964 aparecieron en la escena neoyorquina nuevos creadores, como Claes Oldenburg, Jim Dine, Roy Lichtenstein, Georges Segal, Tom Wesselmann, James Rosenquist y Andy Warhol, que se convirtieron en los exponentes de una nueva *identidad* moderna. Todos ellos coinciden en utilizar los objetos cotidianos como el componente esencial de sus obras, porque en su opinión constituyen los elementos de un lenguaje inherente a la cultura norteamericana.

El más radical fue Claes Oldenburg (1929), quien se haría famoso en todo el mundo con sus objetos blandos y sus *ready made* de tamaño descomunal. Hijo de un diplomático sueco, Oldenburg había empezado su carrera artística de forma tardía, reproduciendo entre 1959 y 1961 algunos objetos cotidianos con cartón, papel maché y yeso. Por aquel entonces sus obras tenían todavía mucho que ver con la pintura. Con el propósito de ironizar sobre el fetichismo del objeto empezó a confeccionar curiosas esculturas «blandas» con materiales insólitos. Por poner un ejemplo, en 1966 realizó un sillón de váter con vinilo relleno de miraguano que tituló *Soft Toilet* (1966), una pieza emblemática que fue adquirida por el matrimonio Ganz, famosos coleccionistas de Nueva York. A los objetos «blandos» el artista contrapuso después los objetos «duros», convirtiendo en esculturas gigantescas de varios metros de altura una serie de productos de consumo tan corrientes como un helado o una bolsa de patatas fritas. Más adelante Oldenburg llenaría las plazas públicas de algunas ciudades con sus ingenuos «tótems» de la era moderna, como el conjunto de cerillas inmensas que realizó en 1992 para Barcelona.

El gusto por lo gigantesco fue una característica bastante común entre los artistas pop norteamericanos. Edward Kienholz (1927-1994) creó grandes environments en los que imitó las formas de vida urbana en toda su mediocridad, como su inquietante reconstrucción de un burdel de Nevada, titulada *Roxy's* (1960-1961), hoy propiedad del coleccionista alemán Reinhard Onnasch. Con un matiz menos tétrico, Tom Wesselmann (1931) realizó collages monumentales y telas de gran formato, en los que reproduce, con colores rutilantes, cuartos de baño, neveras, mujeres desnudas o una simple mano sosteniendo un cigarrillo. Todo es aquí alegre y espectacular, como reflejo fiel de una sociedad rebosante de optimismo consumista, que entonces no ponía en duda su fe en el progreso material. Son las suyas obras objetivas desprovistas de emoción, que se inspiran directamente en la publicidad, y en los *mass media*. Roy Lichtenstein (1923-1997), otro de los artistas de la movida pop, se dedicó a partir de 1961 a plasmar en sus cuadros la imaginería popular del ama de casa norteamericana y la banalidad de su universo doméstico. Pero lo más impactante de su trabajo fue la ampliación de viñetas de cómics bélicos y románticos, que el artista se limitaba a reproducir sobre grandes telas imitando las tramas del fotograbado. Son imágenes extraídas de los grandes genios del cómic, como Alex Raymond y Milton Cannif, que llaman la atención por el impacto de su grafismo y por la estridencia de sus colores planos. Desde entonces, Roy Lichtenstein ha pasado a la historia como uno de los artistas que más habría contribuido a elevar la cultura popular a la categoría de arte, convirtiéndola en algo glamouroso para el disfrute de la alta sociedad.

Pero, sin lugar a dudas, el gran artífice de esta consagración de la cultura popular ha sido Andy Warhol (1927-1987), el rey del pop art y quizá el mejor publicista del siglo XX. Con sus reproducciones de latas de sopa Campbell's (1962) y de las cajas de estropajo Brillo (1964), el espabilado Warhol se hizo famoso de un día para otro. En estas obras, como en la mayor parte de su producción artística, Warhol manifestaba de forma perfectamente consciente ese gusto por la provocación que le acompañaría toda su vida. Hijo de una humilde familia de inmigrantes checoslovacos, Andy Warhol venía del campo de la publicidad. En la década de los cincuenta se había dado a conocer como grafista e ilustrador, decoraba escaparates y colaboraba en revistas como *Harper's Bazaar*, *Vogue* y *The New Yorker*. A principios de 1960 pintó sus primeros cuadros con anuncios publicitarios y tiras de tebeos inspiradas en héroes como Batman, Superman y Dick Tracy. «Creábamos imágenes que cualquier persona bajando por Broadway podía reconocer en una fracción de segundo; cómics, mesas de picnic, pantalones para hombres, estrellas de cine, cortinas de ducha, neveras, o botellas de Coca-Cola», escribió Warhol.

A partir de 1961 la carrera de Warhol se disparó. Fue entonces cuando empezó a reproducir, primero con serigrafías hechas a mano y luego mediante un procedimiento fotográfico, sus primeras latas de sopa Campbell's. Esta técnica, utilizada también por su colega Rauschenberg, determinaría toda su creación posterior. Llegarían después sus famosas series de los *disaster paintings* y los retratos de Liz Taylor, Elvis Presley, Marilyn Monroe y Jackie Kennedy, basados en imágenes periodísticas. Warhol adoptaba así una nueva actitud ante la creación artística, en la que el artista sólo se limita a elegir el tema de sus obras, sin participar en absoluto en su elaboración, que surge de un simple proceso de reproducción mecánica. Algo que no importaría mucho a los ricos coleccionistas de Manhattan, que se disputaron sus retratos y sus latas Campbell's a golpe de talonario.

Con un cinismo poco corriente, Warhol no dudó en crear obras de arte mediante réplicas serigrafiadas de cajas de *corn flakes* Kellogg's o de ketchup Heinz, o bien reproduciendo fotografías de accidentes de coches o de sillas eléctricas *made in USA*. «Warhol anuló las fronteras entre lo eternamente significativo y lo totalmente desechable; entre la obra de arte realizada a mano y el artículo producido en serie, entre la pintura y la fotografía, entre la tela y la película. Convirtió en trágico lo trivial y en trivial lo trágico», escribió Paul Richard, crítico de arte del *Washington Post*.

En sus primeros experimentos cinematográficos, Warhol se limitaba en filmar en plano fijo y sin interrupciones escenas tan banales como un hombre durmiendo (*Sleep*, 1963, de seis horas de duración) o una vista del Empire State Building (*Empire*, 1964, de ocho horas). Aunque nadie ha podido aguantar durante más de veinte minutos su proyección, hoy en día las películas del *enfant terrible* del pop han pasado a ser obras de culto, difundidas y recopiladas por prestigiosas instituciones museísticas. Son obras generalmente aburridas y desprovistas de cualquier intención trascendental, que pueden considerarse como simples *boutades*, aunque para el autor no eran un juego inocente. Warhol sabía muy bien que esta banalidad podía llamar la atención, siempre y cuando estuviera envuelta en un montaje publicitario.

Todo en él estaba pensado y meditado de cara al negocio, y formaba parte de la figura del superdandi que supo encarnar con tanta brillantez. Siguiendo los pasos de Salvador Dalí, aunque sin la genialidad del maestro de Port Lligat, Andy Warhol tenía un don extraordinario para promocionarse. Fue desde la Factory, su estudio y al mismo tiempo su centro de operaciones frecuentado por una fauna de lo más variopinta, donde se forjó la leyenda Warhol, tan productiva económicamente. El propio artista construyó alrededor de su obra y de su vida un mito que no sólo sedujo a la *jet set* de Nueva York, sino que se ha convertido en un auténtico fenómeno mundial. Hay que recordar el revuelo mediático que se organizó con motivo de la retrospectiva organizada por el Modern Museum of Art (MOMA) de Nueva York en 1989 y de su paso por el Centre Pompidou de París al año siguiente, que fue visitada por más de ochocientas mil personas. «Que una multitud haya desfilado piadosamente delante de tales obras maestras, esto es, serigrafías de Marilyn, de Mao, de Liz Taylor, de latas de sopa Campbell's y facsímiles de las cajas de estropajo Brillo, quedará como una de las grandes imágenes del adoctrinamiento cultural de nuestro tiempo», escribió en su libro *Artistes sans art?* (1994) el crítico y ensayista francés Jean-Philippe Domecq.

Simulacro del arte o arte del simulacro, el caso es que la obra de Warhol ha sido poco discutida, con excepción del propio artista, cuya lucidez le hizo decir, en uno de sus numerosos aforismos, que después de su muerte probablemente no quedaría nada de lo que había hecho. Pero los marchantes, con Leo Castelli a la cabeza, secundado por los críticos más devotos, se han preocupado por mantener vivo el mito Warhol desde el mismo día de su desaparición.

El pop art, con su lectura fácil, consiguió convertir el arte en una manifestación de moda y al mismo tiempo abrió las puertas a la banalización de la actividad creadora. A partir de aquí las barreras entre arte y vida comenzaron a derrumbarse. Algunos vieron en su realismo vulgar y chabacano una forma de crítica social del folclore urbano, producido por una sociedad cuya cultura se ha identificado completamente con el desarrollo de su civilización industrial. Pero, bien mirado, el pop art no fue más que el reflejo de la naturaleza urbana y de una época en la que la obra de arte, como cualquier otro producto de consumo, es ante todo un valor mercantil, sin mayor trascendencia.

La moda del pop art americano duró poco más de cinco años pero tuvo múltiples consecuencias. Incluso llegó casi a eclipsar corrientes como el Nouveau Réalisme europeo, cuyos protagonistas fueron aún más lejos en la apropiación del objeto.

Capitaneado por Pierre Restany, uno de los críticos más brillantes de su generación y uno de los primeros representantes de una nueva raza de promotores del arte contemporáneo, el Nouveau Réalisme nació en París el año 1960 como «una revolución de la mirada». Influidos por los dadaístas, sus protagonistas abandonaron los pinceles para apoderarse de los objetos que la sociedad de consumo propone o, mejor dicho, impone. De la misma manera que el pop art constituía una ruptura con el expresionismo abstracto, el Nouveau Réalisme surgió como reacción en contra del informalismo que entonces dominaba el panorama artístico europeo.

Artistas tan populares como Arman, Daniel Spoerri, Jean Tinguely, César, Raymond Hains, Villeglé, Yves Klein y Niky de Saint-Phalle ya no se conformaban con reproducir la realidad, sino que se la apropiaban directamente, tal y como había empezado a hacerlo Rauschenberg con sus *combine paintings*. Entre los *nouveaux réalistes* había, sin embargo, una especial fascinación por el objeto de desecho, es decir, hacia lo que despreciaba la sociedad de consumo. Daniel Spoerri (1930) no dudó en pegar e inmovilizar de forma definitiva las sobras de una comida abandonadas en la mesa, componiendo así sus curiosos *tableaux-piège* (cuadros-trampa). El francés César (1921-1998) trituró centenares de coches viejos para configurar sus conocidas *Compressions*, y Arman (1928) creó sus famosas *Poubelles* (Basuras) acumulando los desperdicios domésticos en unos cubos transparentes parecidos a relicarios.

La explotación del objeto alcanzó en la obra de Arman unas proporciones hasta entonces inéditas en el arte. Con un instinto provocador, el artista francés, nacionalizado norteamericano, realizó lo que él mismo ha llamado sus «retratos sociológicos» recogiendo simplemente las bolsas de basura de determinadas personas. Algo así como: «Dime lo que tiras y te diré quién eres». Con este propósito, Arman concebiría algunas de sus obras más emblemáticas, como *Petits déchets bourgeois* (Pequeños residuos burgueses, 1959), *Grands déchets bourgeois* (Grandes residuos burgueses, 1959) y *Poubelle de Jim Dine* (Basura de Jim Dine, 1961), que hoy figuran en importantes colecciones y museos del mundo como ejemplos de la cultura del desecho. Absolutamente fascinado por el objeto fabricado en serie, Arman seguiría a lo largo de su carrera construyendo obras mediante acumulaciones de todo tipo (tuercas, llaves de paso, máquinas de escribir, carritos de supermercado o piezas de automóviles), con las que cosechó un éxito considerable. Instalado desde 1964 en Estados Unidos, el artista no ha dudado en fundir en bronce y en oro algunas acumulaciones en miniatura que no tienen ya nada que ver con la ironía y el desenfado de su actitud inicial frente al derroche de nuestra sociedad tecnológica. César tampoco se resistió a la tentación del *gadget* de lujo y convirtió algunas de sus *compresiones* en pequeños colgantes de oro.

Observado en su conjunto, el Nouveau Réalisme no ha sido un movimiento homogéneo, ya que agrupaba a artistas con prácticas y planteamientos bastante diferentes. Christo Javacheff (1935) empezó a darse a conocer empaquetando simples objetos. Pero muy pronto orientó su trabajo hacia la realización de proyectos de mayor envergadura: envolvió islas enteras y grandes monumentos, con unas connotaciones que van mucho más allá de la simple apropiación de la realidad.

En otro registro, el suizo Jean Tinguely (1925-1991) apareció en la escena artística en 1959 con sus *méta-matics* o «máquinas de dibujar». Se trataba de una suerte de esculturas mecánicas dotadas de movimiento que cuando estaban activadas creaban unos dibujos de apariencia infantil. Era su forma de burlarse de la propia autoría de la creación, una actitud que se extendería en las décadas posteriores hasta llegar a la aniquilación de la obra de arte. Pero Tinguely fue siempre un artista de muchos recursos. A continuación construyó máquinas cada vez más espectaculares y perturbadoras que se autodestruían in situ en una suerte de performance. Éste es el caso de su *Hommage à New York* (Homenaje a Nueva York), presentado en 1960 en el MOMA. «Era una escultura elaborada con ochenta ruedas de bicicleta, piezas de diversos motores, un piano, una batería y múltiples tubos que se iban autodestruyendo en un ruido estrepitoso. Pero no estoy contento, porque quedaron unos trozos que fueron recogidos por un empleado del museo. Luego se vendieron y no pude escapar del tráfico del mercado», recordaba Tinguely en una entrevista realizada en 1989.

Durante toda su carrera, Tinguely siguió obsesionado por la mecánica pero con un espíritu cada vez menos nihilista. Dotado de un gran sentido de la ironía, continuó construyendo inquietantes máquinas, a la vez subversivas y poéticas, con todo tipo de piezas industriales y desechos metálicos. Creó un universo muy personal ampliando el concepto de escultura-assemblage, que Pablo Picasso (1881-1973) había anticipado en 1913 cuando realizó su primera *Guitarra* elaborada con chapa metálica y alambre. A través de su obra, Tinguely supo sintetizar ese frenesí tecnológico que se ha apoderado de nuestra sociedad occidental.

Pero volviendo al Nouveau Réalisme, tanto Tinguely como

Christo y sus colegas, que participaron inicialmente en el movimiento promovido por Pierre Restany, estaban unidos por una voluntad de demostrar que la obra ya no era el resultado de un trabajo, sino que el acto creador consistía pura y simplemente en elegir un fragmento de la realidad. Y esta elección es, en definitiva, lo que conferiría a su «creación» toda su importancia, con el apoyo indudable de la galería, el museo y la crítica. Una actitud que, como ya hemos señalado, tiene su origen en la obra de Marcel Duchamp, que se convertirá en una práctica habitual en la plástica de los últimos cuarenta años y que provocará algunas acciones espectaculares y también toda clase de derivas.

2

LA CONFUSIÓN ENTRE ARTE Y VIDA

El objetivo principal de los nuevos realistas era romper con la tradición pictórica, como ya habían intentado hacerlo los dadaístas y los futuristas cuarenta años antes. Lo hacían ahora apropiándose de los objetos de la vida cotidiana y organizando happenings y performances, con los que decidieron «liquidar» de un plumazo lo que hasta entonces se había llamado «las bellas artes». El artista ya no quería quedarse en la soledad de su estudio, sino pasar a la acción directa. Este nuevo comportamiento respondía a la voluntad de salirse de los límites de la creación plástica, recurriendo a otros lenguajes y dando a la idea y al gesto todo su protagonismo. A partir de entonces, lo más importante era privilegiar el acto creador sobre la propia creación. Había también que salir de los circuitos habituales de difusión del arte y romper la relación entre el artista, la galería y el museo, un círculo cerrado que, para muchos creadores de la década de los sesenta, se había vuelto de repente muy «sospechoso». Sin embargo, años después ninguno de ellos se opondría a que sus obras, o mejor dicho las reliquias de sus acciones efímeras, fueran recuperadas por el sistema y entraran en los templos de la modernidad. Un buen ejemplo de lo que señalamos es la muestra «Out of Actions. Between performance and the object 1949-1979» organizada por The Geffen Contemporary at the Museum of Contemporary Art de Los Ángeles y presentada en 1999 en el Museu d'Art Contemporani de Barcelona (MACBA). Esta exposición, que viajó también a Tokio y a Viena, revisaba las actividades llevadas a cabo por numerosos artistas de Europa, Estados Unidos y Japón entre los años 1949 y 1979, mediante instalaciones, objetos, elementos de atrezo, vestigios, fotografías, películas y cintas de vídeo que documentaban acontecimientos efímeros.

La creación de happenings y performances atrajo a partir de la década de los sesenta a un número creciente de artistas que veían en esta fórmula un campo abierto a nuevos experimentos. Pero estas prácticas no eran exactamente una novedad, ya que en los años veinte y treinta los dadaístas y los surrealistas ya habían organizado algunos escándalos que han pasado a los anales de la historia del Arte con mayúsculas. Creadores como Alfred Jarry, Jean Cocteau, Francis Picabia, André Breton, Salvador Dalí y Luis Buñuel fueron los primeros en romper con las convenciones morales y culturales de su época mediante creaciones irreverentes y subversivas. Todos ellos eran *enfants terribles* de una sociedad elitista, espíritus brillantes y rebeldes que, en su intento por transgredir el orden establecido, abrieron las puertas del imaginario como nadie lo había hecho hasta entonces.

Después de la Segunda Guerra Mundial los artistas que impulsaron los happenings y las performances se movían en un contexto bastante diferente. El fin de la conflagración había dejado un sabor amargo en la sociedad. Paul Schimmel, comisario de la muestra ya citada, «Out of Actions. Between performance and the object 1949-1979», asegura en el catálogo de la exposición que hechos como el holocausto y el uso de la bomba atómica habían provocado una transformación en la conciencia del mundo.

> La posibilidad de una destrucción a escala planetaria hizo más conscientes que nunca a los seres humanos de la fragilidad de la creación, sujeta como estaba a unas fuerzas destructivas de una magnitud sin precedentes ... Esta fisura en la conciencia estimuló e incubó actividades que rompieron con la relación tradicional entre el artista y el objeto, de manera que el proceso de creación se fue convirtiendo de forma gradual en el tema del arte.

Sin embargo, conviene matizar esta opinión, porque las reacciones en la comunidad artística no fueron unívocas. La pintura siguió más viva que nunca y, de hecho, fueron los pintores los que asumieron en mayor medida las consecuencias de la guerra, dando lugar a corrientes como el informalismo nacido bajo el influjo de la filosofía existencialista.

Los primeros artistas que se dedicaron al happening y a la performance lo hicieron no tanto para asumir un compromiso sociopolítico, sino para aprovechar la libertad que permiten estas prácticas y para demostrar públicamente que la pintura y la escultura eran géneros obsoletos. Se trataba en realidad de una manera de divertirse —eran los felices sesenta— y de acercarse a la vida implicando la intervención directa del propio artista y, en algunos casos, la del público. Concebidos como una suerte de espectáculo sin reglas ni convenciones, los happenings y las performances dieron paso a toda clase de transgresiones, pero al mismo tiempo a cualquier provocación gratuita.

Con esta nueva actitud, los artistas empezaron a desempeñar el papel de agitadores culturales, cuyas acciones a menudo no trascendían más allá de una élite de mecenas adinerados, aunque hay algunas excepciones. Un buen ejemplo es el caso del francés Yves Klein (1928-1962), quien gracias a sus performances consiguió convertirse en una figura mítica, muy influyente en el mundo del arte internacional. Quizá su muerte prematura a los treinta y cuatro años contribuyó a ampliar la fama de este maestro de judo, que se acercó a la creación plástica como un autodidacta más, porque quería encontrar, según sus propias palabras, «un lenguaje nuevo». Respaldado por el crítico Pierre Restany, Yves Klein se dio a conocer hacia 1957 con sus *Propositions Monochromes* o pinturas monocromáticas realizadas con un pigmento azul ultramarino, que él mismo denominó International Klein's Blue (IKB). Pintar estos plafones con un solo color era «una forma de buscar la esencia de la pintura», decía Klein. Aunque para este artista rebelde el uso del pincel seguía siendo algo demasiado convencional. Entonces su idea más luminosa para sustituirlo fue utilizar a una modelo desnuda, cubierta con pintura azul IKB, que daba vueltas sobre una hoja de papel dispuesta sobre el suelo. Así nacieron sus famosas *Anthropométries* (Antropometrías), es decir, pinturas realizadas con las huellas del cuerpo humano impresas directamente sobre el papel. «De este modo no me ensuciaba con colores, ni siquiera la punta de los dedos. La obra se acababa en sí misma, delante de mí, bajo mi dirección y en colaboración absoluta con la modelo. Y así, yo mismo podía saludar su nacimiento en el mundo tangible de forma digna, vestido con esmoquin», explicó el propio artista.

La primera vez que Klein recurrió a la figura humana como un pincel viviente fue durante una cena en casa de su amigo Robert Godet en 1958. Según cuenta la historiadora de arte Sandra Sitch, la performance tenía el aspecto de un entretenimiento teatral con un toque lascivo y erótico. Pero Klein, publicista nato, quiso dar a sus acciones una dimensión pública y el 9 de marzo de 1960 organizó otra performance similar en la Galerie Internationale d'Art Contemporain de París delante de una audiencia muy selecta de mecenas y coleccionistas. Esta vez la función adquirió un tono bastante más ceremonioso. La actuación de las dos modelos iba acompañada por un conjunto musical formado por tres violinistas, tres violoncelistas y un coro de tres personas que interpretaron la *Symphonie Monotone*. Klein consideraba este tipo de acciones como un medio de «derrumbar la máscara velada del estudio, con el objetivo de no conservar nada de su proceso creador».

En su fulgurante carrera, el artista francés llevó los límites todavía más lejos. En 1958 intentó cortar de forma definitiva el cordón umbilical con la pintura al crear en la galería Iris Clert de París su famosa exposición titulada «Le vide» (El vacío). La idea era muy simple. El público fue invitado a visitar la galería completamente vacía, mientras un agente de la Guardia Republicana custodiaba la entrada. El escándalo estaba servido y la respuesta fue multitudinaria porque acudieron al *vernissage* unas tres mil personas, o sea, el *Todo París*. Según la crítica especializada, con Pierre Restany a la cabeza, aquello fue un hito para la evolución del arte, reducido ahora a una simple acción. Este acto «heroico» tuvo una réplica dos años después con *Le plein* (El lleno), una instalación promovida en la misma galería por el artista francés Arman, quien llenó toda la sala hasta el techo con montones de trastos viejos. Lo cierto es que el propósito de Klein y el de su colega Arman era, según el análisis de Françoise Choay en el número de diciembre de 1960 de *Art International*, «trascender la noción de objeto para convertirse en acto puro, gracias a la mediación del escándalo».

A pesar de haber intentado con anterioridad vender el vacío, Yves Klein quiso dar una prueba más de lo que él llamaba «la inmaterialidad de su sensibilidad pictórica». La cosa ocurrió pocos meses antes de su muerte repentina el año 1962. Evaluó su acción no en moneda de curso legal sino en pan de oro. El mecenas que aceptó adquirir su «creación» debía darle unas cuantas pepitas de oro mientras el artista le entregaba a cambio un recibo firmado. Pero lo más original de la propuesta es que no debía quedar ningún rastro de la transacción. Para ello, el 28 de enero de 1962, Klein organizó a orillas del río Sena una suerte de «ceremonia», en el curso de la cual tiró al agua las pepitas de oro, mientras el comprador de su «obra» quemaba el recibo. El único testimonio de esta creación intangible es una fotografía que da fe de la celebración del acto y que a lo largo de los años se ha publicado en todas las antologías del arte contemporáneo.

Visto desde la distancia, Yves Klein aparece como un rupturista radical con la tradición pictórica, pero al mismo tiempo como uno de los primeros «enterradores del arte», porque con sus acciones tan aireadas en la prensa abrió paso a su desmaterialización, planteando la desaparición del objeto artístico. Algo que no conseguiría del todo, ya que no pudo evitar que algunas de sus *Antropométries* cuelguen ahora mismo en prestigiosos museos del mundo, como reliquias de sus celebradas performances.

Mientras Yves Klein perseguía la intangibilidad del arte, el italiano Piero Manzoni (1933-1963) desplazaba la creación hacia el cuerpo humano y sus propias funciones fisiológicas. La confusión entre arte y vida se materializó en 1961 con la aparición de las *Esculturas vivas* inventadas por Manzoni. Este artista, que como Yves Klein tuvo una carrera fugaz y estelar, ha pasado a la posteridad gracias a algunas acciones de carácter un tanto provocador. En sus *Esculturas vivas*, la intervención de Manzoni se limitaba a firmar su nombre directamente en el cuerpo de una persona y a entregarle un certificado de autenticidad con el siguiente texto: «Esto certifica que X ha sido firmado con mi propia mano y, en consecuencia, está considerado una auténtica obra de arte».

Piero Manzoni, que murió a los treinta años de una cirrosis, estaba dispuesto a todo para «desmitificar» la creación artística.

Tanto es así, que en 1961 no dudó en crear la obra *Merda d'artista*, una simple lata de conserva que contenía treinta gramos de excremento de ¡artista! La particularidad de este «trabajo» es que la mierda se vendía al mismo precio que el oro. Realizó así una serie de noventa latas con sus etiquetas en regla marcadas *made in Italy*, como cualquier otro bote de conserva. Algunas de estas exquisiteces figuran ahora mismo en diversas colecciones públicas y privadas, y se han exhibido en exposiciones internacionales, como la mencionada «Out of Actions».

Pasado ya su período de «gloria», podemos preguntarnos si Manzoni y Klein fueron realmente unos revolucionarios por haberse atrevido a vender el uno mierda y el otro el vacío, desafiando así las leyes del mercado del arte. O si simplemente han entrado en la historia por el aroma de escándalo que envolvió todas sus actuaciones. La verdad es que, tanto en el caso de Piero Manzoni como en el de Yves Klein, lo que se ha valorado no ha sido el contenido de sus creaciones, sino el impacto de su personalidad. Según sus hagiógrafos, la verdadera creación de estos dos artistas es en definitiva su propia vida. Y ésa es una tendencia que se irá extendiendo a lo largo de los cuarenta últimos años, en los que se ha tenido en cuenta por encima de todo el comportamiento del creador y su capacidad para escandalizar y atreverse a lo indecible. El problema es que, para llamar la atención, los artistas puedan recurrir luego a cualquier nadería, sin ningún poder transgresor.

Mientras Klein y Manzoni intentaban subvertir el mundo del arte en Europa, los happenings iban ganando cada vez más adeptos en Estados Unidos. Eran manifestaciones de carácter teatral que se celebraban en círculos reducidos, generalmente en el taller del artista o en una galería de arte, o incluso en un almacén o un garaje. La fórmula del happening como evento consuetudinario sin reglas ni estructura narrativa convencional sedujo a artistas pop como Jim Dine, Rauschenberg y Oldenburg, porque les permitía ampliar su campo de acción, animando mediante la presencia de personas sus grandes assemblages de objetos y restos urbanos. En los primeros happenings, los autores mantenían algunas referencias a la pintura y a la escultura, aunque su objetivo principal era acercarse a la vida cotidiana, poniendo en escena aquellos aspectos más humildes y banales de la realidad e involucrando al espectador. Era una forma de superar los límites de la obra de arte tradicional, introduciendo la vida humana.

Fue el norteamericano Allan Kaprow (1927) el que puso de moda esta nueva forma de creación con su obra *18 happenings in 6 parts* (18 happenings en 6 partes), presentada en 1959 en la Reuben Gallery de Nueva York. Según cuenta la historiadora RoseLee Goldberg en su libro *Performance Art, from futurism to the present* (1988), los miembros del público que asistieron a la performance habían recibido, con la invitación, un sobre de plástico que contenía algunas informaciones previas junto con trozos de papel, madera, fotografías, fragmentos pintados y figuras recortadas. Al iniciar el happening se repartieron también tarjetas con algunas instrucciones, en las que se advertía sobre el momento en el que los participantes al evento debían intervenir o moverse de sitio. El artista norteamericano había construido una serie de habitaciones con placas de plástico transparente, sobre las cuales había enganchado algunos collages y realizado pinturas gestuales bastante agresivas. El desarrollo de la performance, que mezclaba sonidos, proyecciones de luces y de imágenes, no tenía ningún contenido narrativo, aunque sus secuencias habían sido previamente planificadas por el maestro de ceremonias. Pero el público podía también interpretarlas a su manera porque, según asegura RoseLee Goldberg, «Kaprow había advertido que "las acciones no significaban nada que pudiera formularse claramente"». En cuanto a la propia definición de la palabra *happening*, Kaprow no le daba un sentido muy preciso, y se limitaba a decir que era «algo espontáneo, algo que acaba de producirse».

Kaprow, junto con otros pioneros de la performance, como sus colegas Jim Dine, George Brecht, Al Hansen y Robert Whitman, había recibido la influencia de John Cage (1912-1992), el célebre músico, impulsor de performances inspiradas en el budismo zen. Entre 1956 y 1959 todos estos pioneros habían asistido a sus clases de composición experimental en la New School for Social Research de Nueva York, donde Cage, que era ya una leyenda, les animó a replantearse toda clase de convenciones. En sus propias composiciones, Cage hacía como una suerte de collage musical incorporando ruidos de la calle, sonidos de golpes sobre madera, música de piano y, por supuesto, algunos momentos de silencio. En 1952 John Cage había organizado en el mítico Black Mountain College, en Carolina del Norte, un espectáculo que incluía la interpretación de un fragmento de música para piano de David Tudor, una danza improvisada por Merce Cunningham, con lectura de poemas incluida, mientras el propio Cage daba una conferencia y Robert Rauschenberg enseñaba cuatro pinturas blancas colgadas del techo. En este montaje, titulado *Theater Piece N.º 1*, todo ocurría de forma simultánea, sin que hubiese ni un guión ni un ensayo previo. Un experimento que ha pasado a la historia porque se considera el precedente de los happenings.

La ausencia de significado o de mensaje en los happenings no parecía preocupar demasiado a sus promotores. Por el contrario, era para ellos una oportunidad para aprovechar la libertad que tenían y hacer lo que les venía en gana. Para unos era una forma de desarrollar su iconografía personal, realizando montajes a gran escala con resultados bastante desiguales. Otros buscaron la provocación, recurriendo a su propio cuerpo, a la sexualidad, la escatología o la violencia. Todo esto ocurrió a finales de los años sesenta, una década en la que se intentó conquistar la libertad en todos los frentes, sexual, social, artístico, barriendo todas las convenciones y luchando contra el *establishment*. Algo maravilloso siempre y cuando exista gente con imaginación y genialidad, que sepa aprovechar esta libertad recuperada para inventar nuevos y fascinantes mundos. En el ámbito del arte se quiso hacer antiarte, pero a menudo las performances no pasaron de ser un mero exhibicionismo del artista dirigido a un público reducido, asiduo a las galerías alternativas, a los bares y a los *lofts* de la parte baja de Manhattan. Acciones como la performance *The American Moon* (1960) de Robert Whitman, quien invitó a la gente a caminar por una serie de túneles concéntricos hasta desembocar en una suerte de *no man's land* y perderse entre cortinas de plástico y lechos de arpillera...

La moda de las acciones y de las performances, conocidas también con el nombre de living art, provocó un alud de obras efímeras a menudo vacías de contenido, ya que no dejaba de ser un género híbrido, que no es ni arte ni teatro. La libertad conquistada mediante la abolición de las convenciones fue aprovechada de una manera mucho más vital y enriquecedora en el ámbito teatral con la eclosión de compañías que revolucionaron la escena con nuevos conceptos y actitudes. Es el caso del emblemático Living Theater, creado en 1946 por Judith Malina y Julian Beck, cuyos innovadores montajes ejercieron una enorme influencia en la década de los sesenta tanto en Estados Unidos como en Europa. Sus espectáculos, que a menudo se desarrollaban en la calle, cambiaron profundamente toda una manera de entender el teatro y su forma de representarlo.

Pero volviendo a la performance, a pesar de su carácter aleatorio y de su escasa incidencia sobre el público, resulta indudable que es un género que ha prosperado bastante hasta llegar a nuestros días. Muchos creadores siguen definiéndose como *performers*, quizá porque sea una manera cómoda de encubrir, tras este término incierto, desde un acto reivindicativo hasta cualquier elucubración sui generis. No podemos hablar de denominador común ni de corrientes, pero sí de ciertas tendencias y también derivas, como el funk art, cuyos impulsores se sentían atraídos por lo mórbido, lo vulgar e incluso lo viscoso. Según cuenta el crítico Edward Lucie-Smith en su libro *Movimientos artísticos desde 1945*, «el funk art resultó ser algo más que una moda pasajera. Fue responsable de algunas de las imágenes más alarmantes de la década de los sesenta: cosas como *Canapé* creado en 1963 por Bruce Conner (1933) que muestra un cadáver desmembrado, echado en un desvencijado sofá victoriano, o *Muerte de un hippie* de 1967 de Paul Thek (1933)». Estas obras, bastante tétricas en su conjunto, no servían para denunciar nada en concreto. Eran más bien actos gratuitos, con los que sus autores querían demostrar que todavía se podía ir mucho más lejos en su actitud antiartística.

Los artistas que tuvieron mayor incidencia fueron los del movimiento Fluxus, que incluía un amplio abanico de creadores de prácticas y procedencias diversas, como George Brecht, Ben Vautier, Nam June Paik, Wolf Vostell y Joseph Beuys, por citar sólo a los más influyentes. La palabra *fluxus* fue acuñada por el artista norteamericano George Maciunas (1931-1978), quien coordinó en Nueva York y en Europa el movimiento más radical y experimental de los años sesenta. Elisabeth Amstrong, conservadora del Walker Art Center de Mineápolis y comisaria de la muestra «En el espíritu de Fluxus», presentada en 1994 en la Fundació Antoni Tàpies de Barcelona, recuerda en el catálogo que «uno de los objetivos de Fluxus consistía en socavar el rol tradicional del arte y del artista ... Desde un principio sus metas eran más sociales que estéticas, y estaban dirigidas a la gradual eliminación de las bellas artes».

Fluxus era un movimiento internacional muy abierto, en el que participó gente de horizontes e inquietudes diversas. Artistas, escritores, poetas y músicos que intentaban escapar de los circuitos oficiales de la difusión del arte. Para Elisabeth Amstrong, «Maciunas y sus discípulos evitaban las instituciones artísticas convencionales en un esfuerzo por acceder directamente al público». Un objetivo que no consiguieron en la realidad, pues sus actos no tuvieron un gran poder de convocatoria.

Los artistas de Fluxus pasaron a concentrar todas sus energías en la celebración de la vida, organizando acciones y festivales de performances que sistemáticamente iban en detrimento del arte. Por poner un ejemplo, en el Fluxus Internationale Festspiele Neuester Musik en Wiesbaden (Alemania) del año 1962, el coreano Nam June Paik (1932) puso la cabeza, las manos y la corbata dentro de un cuenco lleno de tinta y de salsa de tomate, y los arrastró después por una tira de papel. Tituló la acción *Zen for Head* y, según relata Elisabeth Amstrong, «era su particular interpretación de una pieza creada por su colega y compositor La Monte Young, cuya partitura del año 1960 se limitaba a indicar al intérprete: "Traza una línea recta y síguela". Pero, sólo por su valor de puro impacto, *Zen for Head* es algo memorable». Lo más curioso y tal vez contradictorio con los planteamientos de Fluxus es que ahora mismo aquella tira de papel, convertida en reliquia, ha pasado a formar parte de la colección del Museum Wiesbaden. Algo que sucederá después con muchas otras «reliquias» de performances y happenings.

La actividades de Fluxus, desarrolladas entre 1962 y 1978, fueron experiencias de lo más variopinto. Hubo lo que podríamos decir de todo: vídeos, manifiestos, happenings, conciertos, desnudos, escatología, sangre y sexo. En 1962, Nam June Paik, pionero del videoarte, proyectó en un televisor una cinta virgen que llamó *Zen para el cisne*, mientras que en 1966, George Maciunas hizo otro tanto con su film —si lo podemos llamar así— *3 Metros*, que consistía, he aquí la genialidad, ¡en tres metros de película virgen! Abundaron en Fluxus las performances de contenido sexual y feminista como la acción titulada *Vagina painting*, que interpretó Shigeko Kubota (1937), el 4 de julio de 1965 durante el Perpetual Fluxfest de Nueva York. En esta ocasión, Kubota colocó un papel en el suelo y con un pincel empapado de pintura, que previamente había fijado a sus bragas, se acurrucó y pintó una imagen gestual que exageraba los órganos sexuales femeninos.

El exhibicionismo estaba a la orden del día y el cuerpo del artista se convirtió en el lugar habitual de todas las provocaciones. El año 1964, Yoko Ono (1933) protagonizó en la sala de conciertos Yamaichi de Kyoto la performance *Cut Piece*, una acción bastante insípida pero que tuvo cierta repercusión, ya que la artista japonesa ha sido siempre muy hábil para manejar los *media* a su favor. Ataviada con un elegante traje de fiesta, Yoko Ono pidió al público que le cortase el vestido a golpe de tijera, mientras permanecía sentada en una actitud contemplativa. Como testimonio de su hazaña, que repitió en Nueva York y en Londres, quedan algunas fotografías del evento, en las que se ve a la artista quedándose poco a poco en ropa interior.

Con un tono bastante más humorístico, el francés Ben Vautier (1935) decidió exponerse a sí mismo en el escaparate de la Gallery One de Londres en 1965, cuando le invitaron a participar en el Festival of Misfits (Festival de inadaptados). Para este artista, afiliado a los *nouveaux réalistes* y a Fluxus, aquella intervención, titulada *Living sculpture*, era una forma fácil y barata de hacerse publicidad. De hecho, su carrera ha sido una suerte de cruzada antiarte que él mismo manifestaba mediante unas pancartas escritas con tiza blanca sobre carteles negros en los que anunciaba sentencias como éstas: «El arte es inútil, nada de arte», o bien «Abajo el arte». En 1962 Ben, como suele firmar sus obras, se hizo filmar mientras permanecía sentado en medio de una calle de Niza con un letrero que decía «Regardez-moi, cela suffit, je suis art» (Míreme, con eso basta, yo soy arte). Toda una ocurrencia sin duda, que se inscribe en el espíritu de Fluxus, tan preocupado por crear una confusión entre arte y vida y por desacreditar la propia actividad artística, convirtiéndola en algo totalmente irrisorio. Con todo ello, muchas de sus «pancartas» han acabado entrando en los museos como testimonio de sus actos supuestamente subversivos.

Pero la afirmación de Ben Vautier «yo soy arte» no era ningún disparate, porque ya entonces estaba en plena sintonía con los planteamientos del alemán Joseph Beuys (1921-1986), quien afirmó rotundamente: «Cada hombre es un artista. Incluso ésta es *mi* contribución a la historia del arte». Una frase que ha hecho historia, porque han sido muchos, quizá demasiados, los que se la han tomado en serio. La influencia de Beuys, «el gran gurú de Düsseldorf», como lo llamó Robert Hughes en un artículo de la revista *Time*, fue y continúa siendo enorme. Escultor, creador de happenings y agitador politicocultural, Beuys procuró a lo largo de su carrera forjarse su propia leyenda. Redactó una autobiografía, incluida en todos sus catálogos, en la que se encargaba de mezclar la realidad con la ficción para construirse un personaje que acabó siendo su mejor obra de arte. Para empezar, su panegírico recordaba siempre el episodio de la Segunda Guerra Mundial, cuando pilotaba un avión de la Luftwaffe que en 1943 se estrelló en los confines de Asia, dejándole malherido. Allí unos campesinos tártaros consiguieron curarle, envolviendo su maltrecho cuerpo con grasa y fieltro. Esta experiencia fue para nuestro hombre una suerte de revelación sobre los poderes mágicos de determinadas sustancias como la grasa y el fieltro, que junto con la miel y la sangre de liebre utilizaría después en sus innumerables happenings.

A partir de aquella aventura, Beuys decidió ser artista y marchó por la vida como un auténtico «revolucionario» anticonformista, poniendo en escena su mitología personal por medio de acciones más o menos desconcertantes. En la década de los sesenta colaboró con Fluxus, compartiendo muchos de sus planteamientos, entre ellos la creación de la «obra de arte total» mediante la celebración de acciones-concierto, en las que buscaba esencialmente la provocación, tocando por ejemplo el piano, mientras una col fermentada estaba pegada en el atril. Esto ocurrió en el happening *Ich versuche dich frei zulassen (machen)* (Intento liberarte, hacerte libre) en la Academia de Arte de Berlín el año 1969.

A Beuys se le ha llamado a menudo chamán, porque parecía atribuirse poderes especiales, como por ejemplo cuando se propuso «explicar los cuadros a una liebre muerta», en una de sus acciones más famosas realizada en la galería Schmela de Düsseldorf el año 1965. Sentado en una tarima como si fuera un trono, Beuys, con la cara cubierta de miel y pan de oro, mecía en sus brazos una liebre muerta ante la mirada atónita de los espectadores. «Con la miel sobre la cabeza hago, como ya es natural, algo que tiene que ver con el pensamiento. La facultad humana no consiste en dar sólo miel, sino en pensar y producir ideas», explicó el propio artista.

El 21 de mayo de 1974, Beuys aterrizó en la pista del aeropuerto Kennedy de Nueva York en un avión procedente de Alemania. El artista salió del reactor en una camilla y fue inmediatamente transportado con una ambulancia hasta la galería René Block, situada en el corazón de Manhattan. No estaba enfermo, pero durante una semana permanecería allí encerrado, dentro de una jaula en compañía de un coyote salvaje, «el símbolo de la América libre», como señalaría el maestro. Cada día pedía que se le entregasen cincuenta ejemplares del *Wall Street Journal*, a los que no prestó nunca la menor atención. Al final de la semana, Beuys regresó a Alemania, siguiendo el mismo ritual de su llegada y sin haber pisado para nada el suelo americano. La acción se titulaba *I like America. America likes me*. Esta performance, recogida en todas las antologías del arte del siglo XX, da una idea de lo que fue este visionario o charlatán, según cómo se mire. Por otra parte, su anticapitalismo norteamericano no le impidió aceptar con entusiasmo la gran retrospectiva que le dedicó el Guggenheim Museum de Nueva York el año 1979.

Conviene recordar que Beuys fue un auténtico *showman*, que tuvo a lo largo de su vida un enorme poder de convocatoria. Vestido con su eterno sombrero de fieltro y su chaleco de pescador, este «chamán de las artes» conseguía fascinar a su auditorio y hacer que sus alumnos de la Academia de Bellas Artes de Düsseldorf se convirtieran en discípulos incondicionales. Concebía el conjunto de la sociedad como una escultura inacabada y enfocaba la actividad artística como un medio para transformar las relaciones sociales. Parecía como si quisiera mover montañas, mientras predicaba en sus conferencias la democracia directa, al tiempo que colaboraba con el partido de los Verdes. «La vanguardia debe transformar la vida», aseguró el artista.

Al inicio de su carrera se le consideró en Alemania un personaje incómodo para el *establishment* e incluso se le expulsó de la Academia de Düsseldorf por oponerse al examen de selección. Pero más adelante Beuys se convirtió en una mina de oro para su país. Consiguió tal prestigio que atrajo la atención de la crítica internacional sobre la creación alemana, que después de la Segunda Guerra Mundial pasaba por una profunda crisis de identidad. Su participación en varias de las ediciones de la Documenta de Kassel fue determinante para la proyección de aquel certamen. Uno de sus proyectos más ambiciosos, y quizá el más interesante por su carácter ecológico, fue iniciar la plantación de siete mil encinas durante la Documenta 7 de Kassel en 1982.

Mientras tanto, entre acciones, happenings y conferencias, Beuys no paraba de dibujar y de crear esculturas y extraños assemblages. Realizó un total de quince mil instalaciones y treinta mil collages y obras escultóricas. Trabajaba con toda clase de materiales inusuales y *pobres*, como el fieltro que envuelve el famoso piano adquirido por el Centre Georges Pompidou y la grasa que cubre su célebre silla titulada *Fettstuhl* (1964), hoy propiedad del Hessisches Landesmuseum de Darmstadt. Algunas de estas piezas son creaciones independientes y otras proceden de sus rituales. Sobre estas últimas se plantean algunos problemas cuando se exponen como reliquias en galerías y museos, ya que lejos de *la ceremonia* oficiada por Beuys, estas obras han perdido casi todo su sentido o su carga simbólica.

Algo que no ocurre con los assemblages del artista y gran director teatral Tadeusz Kantor (1915-1990), el fundador de la célebre compañía Cricot 2 de Polonia. Kantor fue un pionero en el uso de materiales *pobres*, procedentes de la «realidad del más bajo rango», como él mismo decía. Desde finales de los años cincuenta los utilizó en sus escenografías para crear impactantes assemblages que formaban parte de sus montajes y que luego se exponían en galerías y museos, ya que estaban concebidos por su autor como obras autónomas. Hemos podido comprobar que obras como *La máquina de aniquilación* (1963) y *La mochila del eterno viajante* (1967), expuestas en la muestra «La escena de la Memoria» organizada en 1997 por la Fundación Telefónica en Madrid y por la Fundació Caixa de Catalunya en Barcelona, continúan teniendo una fuerza comunicativa de actualidad permanente. Son creaciones que sintetizan la angustia de la muerte que planea en toda la obra plástica y teatral de Kantor, un hombre marcado hasta la médula de los huesos por el destino trágico de su país natal.

A diferencia de Beuys y de la movida del grupo Fluxus, Tadeusz Kantor no persiguió nunca la idea de crear obras antiartísticas. Más bien lo contrario. Partiendo de una reflexión sobre la memoria, inventó un nuevo lenguaje plástico y teatral, en sintonía con el contexto al que aludía Paul Schimmel, el de las secuelas dejadas por la Segunda Guerra Mundial. Kantor, que ya en 1961 había participado en la célebre muestra «Art of Assemblage» en el Museum of Modern Art de Nueva York, configuró un universo inconfundible, que refleja su visión esperpéntica y desesperanzada del mundo. Por su parte, Joseph Beuys buscaba esencialmente la provocación a partir de recuerdos y experiencias sensoriales relacionadas con pretendidas creencias populares y esotéricas, que evocaba en happenings y conferencias para la exaltación de su propio e inconmensurable ego. En los años sesenta, el artista alemán llegó incluso a rehacer algunas de las reliquias de sus happenings para exponerlas en galerías y luego venderlas a precios exorbitantes a coleccionistas y a museos públicos y privados. Beuys, que supuestamente quería ser crítico con el sistema capitalista, no tuvo ningún reparo en entrar de lleno en la espiral del mercado del arte, contradiciendo su adhesión inicial a Fluxus, que rechazaba el objeto artístico y su difusión mercantilista.

Pero por otra parte, ¿qué mensaje y qué valor simbólico pueden transmitir unas obras que no son más que la réplica de elementos de atrezo utilizados en una performance de carácter efímero? ¿En qué medida estas esculturas pueden, como Beuys pretendía, «transformar las relaciones sociales»? No hay respuesta. Sin embargo, el mito del viejo chamán era tan fuerte que cualquier objeto que tocaba el maestro se convertía en fetiche. Así, por poner un ejemplo, en la muestra «J. Beuys, operació *Difesa della natura*», presentada en 1993 en el Centre d'Art Santa Mònica de Barcelona, se llegó a exponer como obra de arte *Pullover* (1984), un jersey que el maestro había utilizado durante la acción *Difesa della natura* y que había sido «santificado» por el propio Beuys estampando su firma en la etiqueta. El montaje en cuestión se basaba fundamentalmente en la presentación de numerosas reproducciones de objetos empleados en algunas performances y de los cuales se habían hecho ediciones numeradas y firmadas por el artista, como es el caso de *Pala*, de 1983, y *Ölflasche* (Botella de aceite), de 1984. El especialista Harald Szeemann, que fue comisario de la magna retrospectiva de Beuys en el Museo Nacional Centro de Arte Reina Sofía el año 1994, viajó expresamente a Barcelona para dar su beneplácito y asistir a la inauguración. Claro está que, según la definición de Szeemann, se trataba del «¡artista más significativo de la segunda mitad del siglo XX!». Habrá que añadir también que, para no ser menos, en 1997 el Museo de Arte Sagrado de Colonia dedicó una muestra al tema de las reliquias, en la cual las de los santos se exhibían junto con las de Beuys...

Tal vez se pueda entender que la actitud rebelde de este discípulo de Marcel Duchamp ejerciera un fuerte magnetismo sobre los jóvenes estudiantes, especialmente en los últimos años de la década de los sesenta, cuando los vientos de la contestación soplaban en muchas universidades de Europa y Estados Unidos. Pero lo que no se explica tanto es cómo sigue perdurando la mitificación de un artista utópico, que no siempre fue consecuente con lo que predicaba y además introdujo buenas dosis de demagogia en sus propuestas. Conviene admitir que su influencia ha sido inmensa, hasta tal punto que cualquier artista que haya pasado por la «mítica» Academia de Düsseldorf parece marcado por una suerte de aureola. Desde hace ya varias décadas, centenares de artistas se han reclamado herederos del chamán de las artes, para justificar lo injustificable, pero sin poseer el don de provocación del maestro alemán, hay que reconocerlo. Su principal legado es haber convertido su propia personalidad en obra de arte, pero, tal y como aseguraba Robert Hughes en su artículo de *Time* escrito con motivo de la retrospectiva del artista en el Guggenheim Museum en 1979, «sus esfuerzos para unir la vida con el arte no resultaron demasiado eficaces para cambiar la vida. Más bien contribuyeron a diluir la noción de arte».

Sin embargo, esta tendencia no hizo más que incrementarse y encontró ecos en otros artistas contemporáneos de Beuys, que llevaron el concepto de ritual hasta sus últimas consecuencias. Los más atrevidos fueron los artistas austríacos del Grupo de Acción Vienés, que en sus happenings manipulaban sangre y cadáveres de animales, llegando incluso a la automutilación. Así Günther Brus (1938), Otto Muehl (1925), Hermann Nitsch (1938), Arnulf Rainer (1929) y Rudolf Schwarzkogler (1940-1969) encarnaron a partir de 1965 la faceta más patética del llamado body art, con una fuerte dosis de sadomasoquismo. Eran artistas que rechazaban el cuerpo como objeto e intentaban transformarlo en tema de experimentación. En sus acciones reinterpretaban antiguos ritos dionisíacos y cristianos, pero más que perseguir la fusión entre arte y vida confundieron el arte con la muerte.

Günther Brus realizó cortes de cuchilla sobre su cuerpo. Arnulf Rainer —un artista que por otra parte no ha abandonado nunca la pintura— recreó en una de sus acciones los gestos de un enfermo mental. Hermann Nitsch cubrió el cuerpo de un hombre desnudo con las entrañas de un cordero destripado en la acción *Origen-Misterien-Theater* realizada en Munich en 1974. Este artista justificaba sus «ceremonias» como algo purificador, y decía que en sus happenings recogía «lo aparentemente negativo, desagradable, perverso, obsceno, la pasión y la histeria del acto de sacrificio para que VOSOTROS evitéis la decadencia sucia, vergonzosa, hasta el fondo».

El más radical de todos ellos, Rudolf Schwarzkogler, se lo tomó demasiado en serio cuando creó lo que él mismo llamaba sus «desnudos artísticos», llegando a automutilarse en público, provocándose heridas que acabaron con su vida poco después. Aunque algunos desmientan la autenticidad de la historia. Según relata Anthony Haden-Guest en su libro *Al natural* (1996), la acción tuvo lugar en un castillo donde un grupo de invitados veía en una pantalla al artista automutilándose en otra de las estancias.

Schwarzkogler murió pocos meses después. La opinión general fue que se había suicidado cortándose el pene durante una actuación; pero esto no ocurrió nunca. David Ross, director del Museo de Arte de San Francisco, dijo que fue un montaje. Se modeló un pene de arcilla ... Schwarzkogler nunca se lesionó. Se suicidó porque estaba enfermo.

Otto Muehl aseguraba, sin embargo, que estos rituales «no eran sólo una forma de arte sino una actitud existencial». Según los entendidos, todos ellos buscaban la transgresión para escapar de las limitaciones de las costumbres sociales. El impacto de estas performances, de las que únicamente quedan fotografías y filmaciones, sólo interesó a un público muy reducido, aunque, eso sí, conviene reconocer que tuvo bastante influencia en la comunidad artística. El año 1972, en una acción titulada *And for Today. Nothing*, que tuvo lugar en la Gallery House de Londres, el británico Stuart Brisley (1933) se quedó inmóvil durante varias horas en una bañera llena de vísceras hasta llegar a la náusea. Brisley decía que sus performances eran «una respuesta a lo que consideraba la alienación de la sociedad». En París, Gina Pane (1939) se hacía cortes en la espalda, en la cara y en las manos. En otras de sus acciones, que protagonizó en la década de los setenta, caminaba sobre fragmentos de cristal, o bien se tumbaba sobre una cama cubierta de pinchos de hierro y velas encendidas. Pane, como el ya citado Nitsch, creía que el ritual del sufrimiento tenía un efecto purificador...

Pero al margen de cierto gusto por el masoquismo, ¿qué podían aportar al arte y a la cultura acciones como la de Dennis Oppenheim (1938), que en 1970 se expuso al sol durante cinco horas con el torso desnudo y un libro abierto dispuesto sobre su pecho? Al cabo de unas cuantas horas de exposición, el acalorado Dennis tenía quemaduras en la piel, salvo en la parte cubierta por el libro, tal y como puede observarse en las fotografías que inmortalizaron su hazaña, recogida con el título *Postura para leer para quemaduras de segundo grado*. ¿Qué había de provocador y rebelde en el hecho de que Vito Acconci (1940), en una performance titulada *Trademarks*, dejara impresas las huellas de sus dientes mordisqueando diferentes partes de su cuerpo? Incluso siguiendo la corriente de la época, que defendía que la idea es más importante que la obra, ¿se puede considerar la intervención de Acconci como algo relevante?

En un contexto menos agresivo y mucho más irónico, tenemos a los británicos Gilbert and George (nacidos ambos en 1942), que se convirtieron en esculturas vivas durante la acción *The singing Sculpture*, presentada el año 1970 en la Nigel Greenwood Gallery de Londres. En aquella ocasión posaron de pie sobre una tarima vestidos con su habitual traje clásico y con el rostro cubierto de pintura dorada, mientras se movían como autómatas, simulando que cantaban una balada inglesa del folclore tradicional. Este célebre tándem artístico, empezó su carrera utilizando su cuerpo como escultura, pero más adelante regresó al formato más tradicional del cuadro. Gilbert and George se han hecho famosos en los cinco continentes con sus grandes composiciones llamadas *Fotopiezas*, en las que aparecen los dos vestidos o desnudos, confrontados con una multitud de objetos y símbolos de colores chillones. No han dudado en utilizar como fondo de algunos de sus cuadros ampliaciones fotográficas de gotas de su semen y de su sangre observadas en un microscopio. Más allá del body art, Gilbert and George han desarrollado un estilo personal, creando con sus obras monumentales, y en especial en las *Cosmological Pictures*, una suerte de alegoría moderna e irreverente, mezcla de provocación, agresividad e incluso pornografía.

Como ya hemos observado, la relación entre arte y vida se ha ido radicalizando tanto que la noción de arte ha desaparecido casi por completo. Con su tendencia hacia lo morboso y lo perverso, el episodio del accionismo vienés, a pesar de su escasa proyección pública, ha traído cola hasta llegar a nuestros días. La presencia de la mayoría de sus miembros en la Documenta 5 de Kassel, que tuvo lugar en 1972, sirvió de trampolín para darles a conocer en la escena internacional y para poner de moda el body art. Aquella edición de Documenta institucionalizó de alguna manera la performance, ya que fueron invitados a participar artistas como Yoko Ono, Vito Acconci (1940), Gilbert and George y Dennis Oppenheim, entre otros. Atraídos por sus acciones aparentemente trangresoras, muchos jóvenes artistas se lanzaron a improvisar eventos efímeros, a menudo sin tener una idea clara de lo que querían transmitir, pero presumiendo de que ésta era una forma contundente de hacer crítica social y política o simplemente de ir en contra de las convenciones al uso.

En España, el catalán Jordi Benito (1951), que había visto los trabajos de Hermann Nitsch y Arnulf Rainer en la Documenta de 1972, retomó en algunas de sus acciones de los primeros años ochenta la idea de sacrificio sin aportar al tema grandes variaciones. Organizó varios rituales con sangre de toro, como la acción *Toro Performance Trasa V BPLWB 78-79*, presentada en la Fundació Joan Miró el año 1979, y la performance *Baiard, jaç impacient OPUS II*, que el artista protagonizó en 1981 en el Museu de Granollers. Como veremos más adelante, el gusto por lo mórbido atrajo a numerosos creadores de las décadas de los ochenta y de los noventa, que se fijaron con una obsesión absolutamente recurrente en el cuerpo humano, contemplado a menudo desde sus perspectivas más negativas y degradantes.

3

EL CAMINO HACIA LA DESMATERIALIZACIÓN ABSOLUTA

Por sus propias características, el fenómeno de la performance y las actividades de movimientos como Fluxus se habían desarrollado durante la década de los sesenta, fundamentalmente al margen del mercado del arte. Los recuerdos de aquellas manifestaciones efímeras en forma de reliquias, fotografías y vídeos aún no habían sido absorbidos por el sistema, como ocurrió en las siguientes décadas. Querían matar o asesinar el arte, pero, por suerte para los galeristas, no lo consiguieron. Mientras tanto, los marchantes de Nueva York, que desde el final de la Segunda Guerra Mundial mandaban en el mercado del arte internacional, necesitaban alguna novedad de impacto para llamar la atención de los ricos coleccionistas norteamericanos. El mismo pop, que había sido un éxito arrollador y cuyas obras se seguían cotizando al alza, fue en palabras de Tom Wolfe «una moda pasajera», como ocurre con frecuencia en la sociedad de consumo. «El pop art había constituido un éxito tan aplastante, tan rico en matices inesperados, que todo Nueva York parecía anhelante por presenciar el segundo golpe de efecto del mundo artístico», escribiría también Tom Wolfe. Esto no se hizo esperar y enseguida se puso en marcha la maquinaria para lanzar nuevas tendencias artísticas, como puede promoverse un perfume o una colección otoño-invierno. Primero vino el op art, luego el minimal art, después el arte conceptual y el land art y así hasta la llegada del hiperrealismo.

El op art fue una corriente que en los años sesenta volvió a llamar la atención sobre la obra abstracta desde el punto de vista de la objetividad, basando su esencia en la creación de juegos ópticos realizados en dos o tres dimensiones. Sus principales representantes fueron el húngaro Victor Vasarely (1908-1997), los venezolanos Jesús Rafael Soto (1923) y Carlos Cruz Díez (1932), y la británica Bridget Riley (1931). Sus impactantes pinturas abstractas producían verdaderas ilusiones ópticas, creando una sensación de movimiento. Surgió de allí el arte cinético que tuvo en las construcciones geométricas de Jesús Rafael Soto algunas de sus mejores interpretaciones. Frente a la exuberancia de la figuración pop, el op art marcaba un cierto enfriamiento de la creación artística. Una tendencia que iría acentuándose, hasta llegar a la depuración minimalista. Poco a poco, en el curso de los años sesenta, el arte se fue vaciando de su sustancia.

Movimiento esencialmente norteamericano, el minimal art no nació de las necesidades del mercado, pero su éxito y su enorme influencia en el mundo occidental se debe al empeño de poderosos galeristas como Leo Castelli e Ileana Sonnabend. Había empezado todo con una serie de pintores que querían desmarcarse a la vez del lirismo del expresionismo abstracto y de la figuración del pop art. Para artistas como Ad Reinhardt (1913-1967), Barnett Newman (1905-1970), Kenneth Noland (1924), Ellsworth Kelly (1923) y Frank Stella (1936) se trataba de eliminar de la pintura cualquier referencia al ilusionismo. Apareció así una corriente bautizada *post-painterly abstraction* (abstracción pospictórica), que reivindicaba la pintura como un mero objeto físico y no como la metáfora de alguna idea. Frank Stella, que entre 1958 y 1960 realizó una serie de telas negras sobre las cuales dibujaba con finas líneas la figura de un rombo, declaró que «una pintura es una superficie plana con pintura encima y nada más». En realidad, Frank Stella consideraba el cuadro como una creación autónoma, sin tener en cuenta para nada cualquier otra referencia.

Con este planteamiento se ponía el énfasis sobre el aspecto exclusivamente formalista del arte, excluyendo su poder de comunicación trascendental y la transmisión de cualquier mensaje simbólico o literario. «La naturaleza doctrinaria de la abstracción pospictórica es sorprendente ... Los pintores que se adhieren a este movimiento se han preocupado por desembarazarse de todo, salvo una exigua gama de consideraciones estrictamente pictóricas», ha escrito el historiador de arte Edward Lucie-Smith. Desde principios de los años cincuenta, Barnett Newman no concebía ya la superficie del cuadro como una composición pictórica, sino como un simple *color field* (campo de color). En su lienzo titulado *Tundra* de 1950 Barnett Newman pintó toda la superficie de la tela de pigmento color naranja con algunas ligeras variaciones de tono y tan sólo dibujó una simple línea vertical que divide el cuadro en dos «campos de color». El paso más significativo lo daría después Ad Reinhardt, quien a finales de los años cincuenta realizó sus conocidas *Ultimate paintings*, una serie de pinturas negras elaboradas al final de su vida, después de haberse alejado del expresionismo abstracto. La particularidad de todas aquellas obras es que cuando uno se acerca a ellas empieza a vislumbrar que el negro no es uniforme, sino que algunos matices hacen emerger los rectángulos que las componen.

El proceso de depuración prosiguió con Kenneth Noland y Ellsworth Kelly, que redujeron la pintura a un juego de figuras geométricas, creando cuadros con los bordes recortados para configurar, por poner un ejemplo, un rombo o un triángulo. Con estos artistas, el terreno estaba abonado para dar paso al minimalismo más radical. Es el momento en el que el arte empieza a centrarse de manera exclusiva en una reflexión sobre sí mismo, ya que más allá del plano de color y de las líneas que lo delimitan no hay nada que pensar ni que imaginar.

Los pintores Robert Mangold (1937) y Robert Ryman (1930), considerados como «figuras históricas» de la pintura minimal, realizaron numerosas series de obras pictóricas en las que únicamente introdujeron una variación mínima entre unas y otras. Ryman recurrió a la misma paleta blanca durante más de dos décadas, creando pinturas monocromáticas en las que apenas se aprecian unos ínfimos detalles en la textura de la materia o en la franja que bordea la orilla del soporte. Influenciado por Frank Stella, Robert Mangold ha utilizado también soportes con formatos no convencionales. Un ejemplo: en la pieza *Gray Green, Curved Area* (1966), de la colección Crex de Zurich, Mangold juntó sencillamente dos porciones de un círculo pintadas de un solo color.

En las décadas siguientes, el minimal fue un refugio para muchos artistas con escasa imaginación, que se limitaron a cubrir la superficie de sus telas con pigmentos de un solo color, porque pensaban que esto era realizar un gesto de modernidad. Lo que, en realidad, no era más que la reiteración de unos pioneros que llevaron su proceso de radicalización hasta el límite. Vaciaron la pintura de su contenido intelectual o narrativo, para exaltar únicamente sus componentes físicos.

Lo mismo ocurriría con la escultura, que fue perdiendo poco a poco sus principales atributos para acabar siendo un simple producto industrial fabricado en serie. La abstracción pospictórica fue como el preludio de esta transformación, ya que casi todos los artistas que impulsaron la escultura minimal a partir de 1963 empezaron su actividad como pintores y paulatinamente fueron dejando la práctica pictórica para pasar a la tercera dimensión. Los artistas abandonaron los materiales nobles, como el mármol o el bronce, que requieren una habilidad artesana para su modelado y tallado. Pionero del minimal art fue Tony Smith (1912-1980), quien después de trabajar para el arquitecto Frank Lloyd Wright, decidió pasarse al mundo del arte creando grandes esculturas geométricas, realizadas con la combinación de simples elementos de acero.

Pero la gran novedad de los minimalistas era la de eludir la intervención física del artista, que en un principio se limita únicamente a idear el proyecto de sus esculturas. La exposición «Primary Structures» (Estructuras Primarias), presentada por el Jewish Museum de Nueva York el año 1966, descubrió a una serie de artistas, entre ellos los norteamericanos Carl Andre (1935), Donald Judd (1928-1994), Larry Bell (1939), Robert Morris (1931), Dan Flavin (1933), Robert Smithson (1938-1975), Donald Bladen (1921) y el inglés Anthony Caro (1921). Sus obras se caracterizaban por una estética fría y por la utilización de materiales y objetos industriales con un acabado perfecto. Los críticos de la época hacen referencia a esta nueva corriente con distintos nombres: *cool art* (arte frío), *post-geometric structures* (estructuras posgeométricas), *ABC art* (ABC del arte), *object sculpture* (escultura del objeto). Finalmente el término acuñado pasó a ser el de «minimal art», nombre que Richard Wolheim había utilizado en 1965 en un artículo publicado en la revista *Art Magazine* para designar en un sentido más amplio aquellas realizaciones del siglo XX de contenido artístico pobre, como los *ready-made* de Duchamp o las *Ultimate Paintings* de Ad Reinhardt.

Corriente eminentemente norteamericana, el minimal art alcanzó su momento álgido entre 1966 y 1970. Sus promotores pusieron de moda un modelo de escultura, basado en formas geométricas simples que no representan ninguna imagen, ni expresan metáfora alguna. Retomando algunos planteamientos de los constructivistas rusos como Malévich, los artistas minimalistas diseñaron volúmenes dominados por las líneas rectas, tales como paralelepípedos y cubos de ángulos perfectos. Estas esculturas suelen ser estructuras primarias compuestas por unidades modulares que se repiten en secuencias progresivas, y en las cuales se explotan hasta la saciedad todas las combinaciones posibles. Planificadas con un rigor matemático, las esculturas minimalistas no están construidas por sus autores, que confían su realización a una fábrica industrial. Era fundamental que las obras no llevasen ninguna huella de su autor, para evitar así cualquier rastro de humanidad, al tiempo que creaban cierta ambigüedad sobre la autoría de la obra.

Carl Andre empleó un sistema modular repetitivo para componer piezas verticales, como su famosa *Pirámide* (1959-1977) realizada con la superposición de elementos de madera, u horizontales, como su *Twelfth copper corner* (1973), un banal assemblage de placas de cobre de la misma medida dispuesto sobre el suelo de la galería. Sol LeWitt resolvió su no participación en la obra de arte proyectando dibujos geométricos que otros pintaban sobre la pared. Así nacieron sus *Wall Drawings*, que en la actualidad decoran las paredes de numerosos museos e instituciones de todo el mundo. En todas estas obras, LeWitt se limita a realizar un plano con un dibujo elemental y preciso, en el que detalla las consignas para su ejecución. De hecho Sol LeWitt renueva a su manera la tradición de la pintura mural, creando composiciones monumentales, basadas en múltiples combinaciones de colores y de figuras geométricas.

La norma entre los minimalistas era la de eliminar de sus obras todo lo superfluo, y existía entre ellos una suerte de rivalidad, para encontrar la vía más radical. Dan Flavin optó por utilizar, como materia prima, los tubos de neón que compraba en el comercio. Con estos elementos luminosos construyó esculturas de luz y creó verdaderos environments, una fórmula que junto con la performance empezaba a interesar a muchos artistas.

Pero el más radical de los pioneros del minimalismo ha sido sin duda Donald Judd, autor de obras mucho más despojadas y neutras. Su especialidad fue la construcción de «cajas metálicas», que el artista norteamericano mandaba realizar a partir de unas instrucciones muy estrictas con placas de aluminio, acero o hierro galvanizado. Alineados en el suelo o colgados de la pared siguiendo un orden riguroso, que deja exactamente el mismo espacio entre cada elemento, estos contenedores de chapa no pretenden ser la expresión singular de su autor, ni tampoco suscitar ninguna emoción. Es una mera ilustración de un concepto de escultura, que existe simplemente por su relación con el espacio circundante. El propio Judd, que además de artista se autoproclamaba filósofo y teórico del arte, defendió su trabajo diciendo cosas como ésta: «Yo hago la obra de arte por una cualidad que *yo mismo* considero interesante, y más o menos cierta». Pero ¿qué interés misterioso escondía en sus monótonos cajones, que en los años ochenta decidió alegrar un poco pintándolos, o mejor dicho haciéndolos pintar con colores vivos, que a menudo recuerdan a Mondrian? Aparentemente, ninguno. Sin embargo sus obras dieron mucho que hablar entre especialistas y teóricos del arte como Rosalind Krauss, que en su libro *Passages* se preguntaba si «con sus series de cajas idénticas Judd proponía una analogía con la materia inerte, es decir, con las cosas no tocadas por el pensamiento o no influidas por la personalidad».

Con o sin pretensiones filosóficas, el arte minimal ha tenido un desarrollo espectacular, imponiendo una estética en la que la desnudez y la austeridad son sus únicas cualidades. La influencia de los citados artistas sobre las siguientes generaciones ha sido absolutamente impresionante. Hay que recordar también el papel desempeñado por otro norteamericano, el escultor Richard Serra (1939), cuya obra monumental se adscribe al minimalismo, aunque no se le asocie al grupo impulsor del movimiento. Autor de enormes muros de acero oxidado, peligrosamente inclinados o curvilíneos, Serra se convirtió en una suerte de demiurgo de la escultura, que desafía las leyes de la gravedad. En 1990, Serra realizó en el Musée d'Art Contemporain (CAPC) de Burdeos el montaje efímero titulado *Threats of hell*, una de sus obras más espectaculares. Fijó en el suelo de la nave central del museo tres grandes placas de acero de 4,50 metros de altura y 43 toneladas de peso cada una, que estaban ligeramente inclinadas hacia el centro, de manera que el visitante tenía la sensación de que el propio edificio se tambaleaba. Fue un proyecto verdaderamente faraónico que obligó a cavar cimientos para instalar las placas y exigió el traslado de una grúa especial para moverlas. Este montaje impresionante respondía perfectamente a los planteamientos minimalistas ya que, como en tantos otros, el artista se limitó aquí a concebir el proyecto, y todo lo demás corrió a cargo de los ingenieros y de los obreros de la fábrica de acero de Dilingen, en Alemania, que construyeron las gigantescas placas de metal. El carácter monumental de todas sus intervenciones ejerció una extraordinaria fascinación en las generaciones más jóvenes, provocando el auge de grandes environments escultóricos cuyos planteamientos, con demasiada frecuencia, no tenían más fundamento que el tamaño descomunal de las obras.

En la década de los ochenta, Richard Serra recibió numerosos encargos desde Europa. Tan sólo en la Documenta 8 de Kassel del año 1987 presentó dos esculturas efímeras, una en el interior del Museum Fridericianum y otra en un espacio público. A partir de entonces el artista erigió sus inconfundibles muros y vallas metálicas en museos y en plazas públicas de varias ciudades europeas, entre ellas Barcelona, donde la radicalidad de sus planteamientos no fue muy bien entendida por el público del vecindario. Los que se sintieron más atraídos por su escultura *Mur* (1984), formada por dos paredes curvas instaladas en la plaza barcelonesa de La Palmera, fueron los *graffiteros* que le dieron vida y los perros que con sus continuas meadas mejoraron sensiblemente la pátina de la obra.

Pero el carácter austero, frío y a menudo agresivo del minimal art no fue un obstáculo para su expansión. Más bien todo lo contrario. Muchos artistas siguen todavía marcados por esta corriente reduccionista. En España sin ir más lejos, escultores como Sergi

Aguilar (1946) y Susana Solano (1946) han basado sus obras en conceptos como el rigor y la pureza de las formas.

Pero la estética minimal se convirtió con el tiempo en una moda, que *contaminó* no sólo las artes plásticas, sino también la arquitectura, el urbanismo y la decoración, llegando hasta el aburrimiento. Un ejemplo bastante paradigmático es la serie de «plazas duras» que se hicieron a finales de los años ochenta en Barcelona, entre ellas la Plaça dels Països Catalans de los arquitectos Helio Piñón y Albert Viaplana, con su estructura metálica fría y desangelada, que el político Alfonso Guerra comparó en su día con «una gasolinera». En los años noventa hemos visto proliferar grandes contenedores de cristal, como por ejemplo las cuatro torres de la Bibliothèque de France de Dominique Perrault inaugurada en 1996 o el Centro Kursaal de San Sebastián de Rafael Moneo abierto en 1999, por citar sólo dos ejemplos emblemáticos. Muchas son las estrellas de la arquitectura internacional que han hecho de la estética minimal su credo, contribuyendo a deshumanizar el paisaje urbano con la reiteración de sus torres y la monotonía de sus fachadas de cristal. Junto a Rafael Moneo (1937) y Dominique Perrault (1953) habría que citar entre otros al portugués Alvaro Siza (1933), al tándem suizo Jacques Herzog y Pierre de Meuron (ambos nacidos en 1950), y al suizo Peter Zumthor (1943). Todos ellos han unido en sus edificios la herencia racionalista de Mies van der Rohe —autor de la famosa consigna «menos es más»— con el reduccionismo del minimal art para construir grandes cajas de cristal de líneas rigurosas, que excluyen cualquier adorno susceptible de alterar tanta pureza.

Lo que contribuyó a la difusión del minimal art, además de numerosas muestras colectivas como la Documenta 5 de Kassel, es la abundante literatura que ha generado, empezando por las teorías de los propios artistas, como Donald Judd con sus *Complete writings (1959-1986)* y Sol LeWitt que en 1967 publicó *Paragraphs on Conceptual Art* y dos años después *Sentences on Conceptual Art*. La importancia creciente de los discursos teóricos que acompañan a las obras de arte desde la aparición del minimal art ha pasado a convertirse en una característica esencial del arte de los últimos cuarenta años, hasta el punto de que, a menudo, el texto resulta mucho más relevante que la obra en sí.

De hecho, el minimal art del que hemos venido hablando hasta ahora ha desembocado en un nuevo postulado: el arte como idea. El propio Sol LeWitt lo expresaría claramente:

> En el arte conceptual, la idea o el concepto es el aspecto más importante de la obra ... la idea se convierte así en una máquina que crea arte.

Sin embargo el proceso de radicalización de los minimalistas todavía no era suficiente. A principios del siglo XX la abstracción había liberado el arte de la servidumbre de la representación. Cincuenta años después, gracias al nacimiento del arte conceptual, ¡el arte se había liberado de sí mismo! No fue ninguna broma y muy pronto, en la mayoría de las exposiciones, los textos mecanografiados empezaron a sustituir al objeto artístico. El artista conceptual considera que la investigación artística ya no puede plantearse en términos de estética, sino que debe consistir en una reflexión pura y dura sobre la propia naturaleza del arte. Entonces concentra todos sus esfuerzos en explorar los mecanismos de la creación y en analizar los signos lingüísticos que la integran.

La figura más destacada del arte conceptual es el norteamericano Joseph Kosuth (1945), que empezó a cuestionar el objeto artístico desde el punto de vista de la lingüística. Empezó a presentar ampliaciones de definiciones del diccionario de algunos términos elegidos como símbolos de los componentes del arte, tales como «pintura», «concepto», «color», «composición» o «abstracto». Pero su obra más famosa es *One and Three Chairs* (1965), compuesta por tres elementos: una definición de la palabra *chair* (silla) sacada del diccionario, una silla cualquiera, y una fotografía de la misma silla yuxtapuesta a lo largo de la pared. La confrontación de dichos elementos plantea el problema de la representación: ¿objeto, imagen o definición?

Kosuth demostraba así que la forma física no es esencial en la presentación de los conceptos. Esta obra, catalogada como histórica, abriría la puerta a todo tipo de especulaciones y a burdas imitaciones. Es evidente que Kosuth había marcado un hito en la escala hacia la desmaterialización del arte e imitarle a él ya no tenía

ningún sentido. El propio Kosuth entraría después en contradic-
ción con sus planteamientos, ya que no solamente siguió haciendo
lo mismo durante más de treinta años, sino que aceptó entrar en los
circuitos comerciales del arte. En 1990 expuso en la galería Juana
de Aizpuru de Madrid una muestra de sus definiciones y textos se-
rigrafiados sobre plafones transparentes. En una entrevista publicada en el *Diario 16* del 19 de abril de ese mismo año, Kosuth
declaró que la desmaterialización de la obra «nunca fue el punto
central del arte conceptual. Eso proviene de la presunción de que
el objeto es lo más importante, tanto para afirmarlo como para ne-
garlo. Y de lo que se trata es de que el objeto no es importante», señaló entonces.

Sin embargo, su influencia fue inmensa, especialmente a partir de la publicación de su ensayo *Art after philosophy* (1969), que
era una crítica de la pintura formalista. El alcance de sus ideas se
amplificó a través de su colaboración con el grupo Art & Language,
creado en 1968 en el Reino Unido y en el que se agrupaban artistas
de diferentes procedencias, como T. Atkinson (1939), M. Baldwin
(1945), V. Burgin (1941), A. Kirili (1946), On Kawara (1933) y John
Baldessari (1931), entre otros. Dicho grupo centró sus actividades
en reflexionar sobre el hecho artístico, basándose en la lingüística y
difundiendo sus experiencias en la revista *Art Language Press*, que
se editó entre 1969 y 1972. Esta publicación sirvió para acoger una
serie de preocupaciones intelectuales relacionadas con el concepto
de arte, que no se adaptaban ni al estudio ni a la galería. Más allá de
la revista, el movimiento Art & Language ha seguido en activo hasta la actualidad, aunque a partir de 1976 contó únicamente con la
colaboración de los artistas británicos Michael Baldwin (1945) y
Miel Ramsden (1944). Su trabajo es esencialmente teórico y se
basa en fotocopias de imágenes, documentos y textos bastante farragosos que cuestionan la pintura, el papel del espectador y la autoría de la obra de arte. A título de ejemplo citaremos uno de sus
comentarios teóricos sobre la pintura: «Consideramos una pintura como un "lugar" que literalmente *es*. Sin embargo, ese lugar es también imaginativo y a la vez forma parte de lo que esa pintura *es*. El
lugar donde se sitúa literalmente esa pintura se niega completamente en la medida que el lugar (o espacio) forma parte de lo que

es, parte de su propia apariencia. Con todo, el hecho de estar en ese lugar es algo que "le ha ocurrido"... y así sucesivamente». Se trata de un fragmento del texto que se incluía en el folleto de mano de la muestra «Art & Language in practice», presentada en 1999 por la Fundació Antoni Tàpies de Barcelona. En aquella exposición lo más llamativo era un gran mural tapizado con fotocopias de textos y documentos gráficos que constituía como una suerte de archivo, en el que el visitante podía perderse durante horas, intentando descifrar el lenguaje voluntariamente críptico de sus reflexiones y teorías.

Otros artistas han estado también interesados en exclusiva por la letra escrita, como ocurre en el caso del norteamericano Lawrence Weiner (1942). Su especialidad es proponer una serie de frases breves e insignificantes, pintadas sobre la pared por un pintor profesional. El coleccionista que decida adquirir dicha obra puede mandar pintar la inscripción en otro lugar y en otro soporte o bien puede quedarse simplemente con el certificado autentificado por un notario y firmado por el artista. Conviene precisar que Lawrence Weiner acompaña todas sus intervenciones de la siguiente advertencia:

> 1) El artista puede realizar el trabajo; 2) El trabajo puede ser fabricado; 3) El trabajo no necesita ser realizado.

En su certificado Weiner precisa al coleccionista:

> Usted ha aceptado la responsabilidad de mi trabajo y dejo a su conveniencia la elección de su presentación...

Claro que esta actitud, comparada con la de Yves Klein, que en 1962 había vendido *El vacío*, no resultaba en definitiva tan radical.

Pero la persecución de la intangibilidad del arte, que tanto fascina a los conceptualistas, tiene en On Kawara a uno de sus más obstinados adeptos. Este artista, de origen japonés aunque se considera «ciudadano del mundo», ha pasado casi toda su vida intentando registrar el paso del tiempo. Desde 1966 ha venido realizando sus *Date paintings*, unos cuadros de formatos variados pintados de un solo color, y sobre los cuales escribe con letras blancas la fecha del día. Todos los cuadros son prácticamente iguales y sólo cambia el tamaño y, por supuesto, la fecha. El iluminado On Kawara plasmó su obsesión por dejar constancia del paso del tiempo en otro proyecto más ambicioso, titulado *One Million Years. Past and Futur*, que consiste en dos conjuntos de archivadores. En el primero de ellos se conservan centenares de hojas mecanografiadas con el número de cada año desde 998033 a. C. hasta 1969 d. C., y en el segundo se consignan los años del futuro desde 1970 d. C. hasta 1001995 d. C. Iniciada en 1970, esta obra es una suerte de *work in progress* que tuvo su presentación en la Documenta 11 de Kassel del año 2002. En aquella ocasión el montaje se completaba con una gran jaula de cristal, en la que dos personas recitaban con voz monótona los números de los años. Al mismo tiempo una grabadora iba registrando sus voces en una cinta, que pasaría después a formar parte de la obra.

Queda bastante claro que el arte conceptual más radical, con sus definiciones de diccionario, sus frases crípticas y lapidarias y sus archivadores metálicos no estaba pensado para el disfrute intelectual del público; era más bien un ejercicio mental a menudo aburrido, que en algunos casos ha desembocado en callejones sin salida, al eliminar completamente la visualidad de la obra de arte. Sin embargo, el ámbito del arte conceptual ha sido y es amplísimo y ha interesado a artistas con inquietudes y preocupaciones muy diversas, quienes en lugar de cerrar las puertas al arte han abierto nuevas perspectivas a la creatividad. Ése es el caso de un gran pionero como el poeta catalán Joan Brossa (1919-1998), quien entre los años 1941 y 1947 se anticipó al movimiento conceptual, surgido en los años sesenta, con una serie de poemas visuales titulados *Poemas experimentales*. Se trataba de cinco composiciones realizadas con lápiz sobre papel, en las que el poeta juega con las letras, el texto y con algunos elementos extraños como la incorporación de unos alfileres. Este interesante experimento fue el inicio de un largo proceso dedicado a explorar las posibilidades expresivas de la poesía visual y al mismo tiempo a crear múltiples poemas objeto, que configurarían un universo inconfundible lleno de inventiva, ingenio y lúcida ironía. El propio Brossa, que se definió siempre como «poeta», fue lo que se ha llamado un artista total, en el sentido de que su creatividad pasó a manifestarse no sólo en el ámbito de las artes plásticas, sino también en el de la poesía, el cine (con la redacción de varios guiones cinematográficos) y el teatro, con la creación de su «poesía escénica», en la que confluyen el texto, la performance, la magia y en algunos casos hasta el striptease. Se anticipó así a las manifestaciones de Fluxus. Antoni Tàpies lo reconoce claramente en un artículo escrito en 1973 y recogido en el libro *L'art contra l'estètica* (1974), en el que asegura que «nadie puede negar que una parte de la obra poética y de las acciones espectáculos (algunas realizadas antes de 1948) de Joan Brossa ha sido un auténtico arte conceptual *avant la lettre*».

En los años ochenta, el reconocimiento tardío de su labor creativa fue para muchos todo un descubrimiento y tuvo una enorme influencia sobre las jóvenes generaciones españolas, que por aquel entonces parecían interesarse de nuevo por ciertos aspectos del arte conceptual. La trayectoria de Brossa ha sido la de un creador rebelde e inconformista, que, a pesar del aislamiento cultural del franquismo, consiguió llevar a cabo una obra vanguardista en sintonía con la evolución general del arte contemporáneo, aunque sin dejarse contaminar por las modas. Por poner un ejemplo, Brossa no sucumbió a esa tendencia típica de los conceptualistas más radicales, que centraron su trabajo de manera exclusiva sobre la teoría y el análisis de la obra de arte, que tanto marcaría sus contenidos a partir de los años setenta. Es bien cierto que el arte conceptual tiene diferentes vertientes que se desarrollaron a lo largo de la década de los setenta y ochenta con algunas propuestas que han enriquecido el panorama artístico; pero también hay otras que han contribuido claramente a su empobrecimiento.

Hemos visto cómo el minimal art llevaba en sí el germen del arte conceptual, que a su vez contenía las raíces de otra tendencia norteamericana conocida como el land art. Todas estas corrientes surgidas durante los felices sesenta tenían dos objetivos principales: por una parte, liquidar el objeto artístico entendido hasta entonces como obra de arte tradicional, y por otra parte superar los límites de la creación, pasando a la performance y al activismo, o creando environments en lugares insólitos y en una escala absolutamente descomunal. Al mismo tiempo existía entre los artistas una voluntad firme de huir de los circuitos habituales de difusión del arte y de dar a su trabajo una dimensión monumental.

Con este objetivo creadores como Robert Smithson (1938-1975), Walter de María (1935), Michael Heizer (1944), Christo (1935) y Richard Long (1945) abandonaron sus habituales talleres para crear obras efímeras en plena naturaleza, utilizando el paisaje como materia prima. Algunos de ellos, como Smithson y De María, se habían dado a conocer con el grupo minimalista en la muestra «Primary Structures», de 1966, pero fue en la exposición «Earth works», celebrada el año 1968 en la Dwan Gallery de Nueva York, donde se perfiló la definición del land art como un nueva corriente artística. Sus promotores consideraban la naturaleza como un amplio campo de experiencias, en el que introducían alteraciones o modificaciones.

Las condiciones para la realización de sus obras exigen por lo general grandes espacios abiertos, como las montañas, los lagos o los desiertos. Así Michael Heizer realizó en 1968 la obra *Circunflejo*, cavando una zanja de 36,6 metros en el lago seco de Massacre Creek, en Estados Unidos. Durante los años 1969 y 1970 este mismo artista llevó a cabo el proyecto *Double Negative*, una inmensa excavación que obligó a remover doscientas cuarenta mil toneladas de roca y arena en Mormon Mesa, Nevada. El pintor y escultor Robert Morris (1931) edificó en 1971 *Observatory*, un observatorio formado por un montículo de tierra de setenta metros de diámetro. Más modesto fue el inglés Richard Long, que prefirió andar por el campo para trazar líneas rectas pisando simplemente la hierba, tal y como hizo en su intervención *A line made by walking. England* (1967), de la que se conserva únicamente una fotografía, como sucede a menudo con este tipo de intervenciones efímeras. Más adelante Richard Long no dudó en presentar su trabajo en galerías y museos, donde realizó algunas de sus *Walking lines* (Líneas andantes) y construyó sus emblemáticos círculos de piedras de distintas procedencias. Como Richard Serra, Long, que asegura que «la obra es el lugar de encuentro entre el intelecto y el cuerpo», se convirtió en los años ochenta en una estrella del arte internacional. Sus célebres «círculos», que en un principio causaron impacto, empezaron a proliferar por toda Europa, ya que cualquier colección de arte contemporáneo que se precie tenía que incluir un «richard long». Sin ir más lejos, en Barcelona, la Fundació Museu d'Art Contemporani adquirió para el MACBA la obra en forma de espiral *Thames Circles*, de 1991, y la Fundació «la Caixa» le encargó en 1986 dos piezas: *Cercle català* (1986), un círculo construido con trozos de mármol de Besalú, y *Sin título* (1986), un cuadrante de coronas circulares concéntricas realizadas con mármol blanco.

El tema de la espiral sería tratado a una escala mucho más espectacular por el norteamericano Robert Smithson, que en 1970 «dibujó», acumulando rocas en las aguas de Great Salt Lake de Utah, la obra *Spiral Jetty*, que sólo podía contemplarse entera sobrevolándola desde un avión. Resulta evidente que estas obras de tipo faraónico planteaban un problema de comunicación con el público. Entonces, para difundir sus trabajos, los artistas recurrieron a la fotografía, el vídeo y los dibujos, que empezaron a exponer y también a comercializar en las galerías de arte, en contra de sus principios iniciales. El búlgaro Christo Javacheff ha conseguido financiar sus ambiciosos proyectos, como el de empaquetar el Reichstag de Berlín o las islas de Miami, gracias a la venta de sus dibujos y de sus collages. En colaboración con su esposa Jeanne-Claude, Christo ha llevado a cabo una obra personal, que recoge una base conceptual muy rigurosa y que al mismo tiempo encuentra propuestas originales para salir del circuito tradicional del arte sin aniquilar la obra ni prescindir del espectador. «La presencia del público es un hecho que diferencia esencialmente la obra de Christo de la realizada por artistas del land art, como Michael Heizer, Richard Long, Robert Morris, Robert Smithson o Walter de Maria. Todos ellos prescinden básicamente del público y cuando recurren al monumentalismo, ejecutan sus obras en lugares apartados; eluden el conflicto con la sociedad, entre otras razones porque lo temen», escribió Werner Spies en el catálogo *Christo: Surrounded Islands* (1986).

Christo, que inició su carrera con los *nouveaux réalistes* en París, es el artista que ha convertido la utopía en realidad. En su obra *Running Fence* (1972-1974) hizo construir en la costa californiana una inmensa cortina de tela de treinta y nueve kilómetros de largo que atravesaba los campos hasta llegar al mar; en *Surrounded*

Islands (Islas rodeadas, 1983) envolvió la costa de las nueve islas de la bahía de Bizcayne en Miami con polipropileno rosa; en 1985 empaquetó el Pont-Neuf de París y en 1995 envolvió el Reichstag en Berlín, después de una lucha de más de veinte años para conseguir la autorización. Estas intervenciones efímeras tienen un coste de millones de dólares, que son financiados por el propio artista sin recurrir nunca a un patrocinador. La intervención del Reichstag, con la utilización de cien mil metros de tela plateada y ocho mil metros de cuerdas azules, alcanzó la friolera de siete millones de dólares. La preparación de cada uno de estos montajes requiere un inmenso trabajo de documentación para convencer a las autoridades locales y a los vecinos de que su realización será respetuosa con el medio ambiente y no ocasionará ningún perjuicio a los habitantes del lugar. Christo es sin lugar a dudas uno de los artistas más interesantes de la segunda mitad del siglo XX, no sólo por la magnitud y la audacia de sus obras, sino también porque participa plenamente de las inquietudes artísticas de los años sesenta desde una perspectiva creativa y enriquecedora y no desde una postura puramente nihilista. Conviene añadir además que Christo y Jeanne-Claude han reivindicado siempre que la finalidad de sus proyectos era ante todo «estética», una postura en cierto sentido valiente, porque va a contracorriente de los planteamientos de la mayoría de los artistas de su generación, para los cuales la belleza es algo despreciable o pasado de moda. «Nosotros no hacemos arte conceptual. La obra es bella, y esta cualidad es la única razón válida para realizarla. El embalaje del Pont-Neuf en París en 1985 se realizó de la misma manera que el Reichstag, por razones estéticas», confió Jeanne-Claude a Judith Benhamou-Huet, en una entrevista publicada en el semanario *L'événement du Jeudi* en junio de 1995.

La belleza y el valor estético son aspectos que los artistas que se reclaman del conceptual, del minimal o que practican la performance han eliminado de sus preocupaciones porque, según ellos, es algo que pertenece a la tradición, contra la que se declaran en ruptura. Para todos ellos el proceso creativo y el discurso teórico que lo envuelve resultan mucho más importantes que la realización material de un objeto artístico. Por eso mismo, cuando se deciden a dar una forma concreta a sus ideas, prefieren hacerlo con materiales insólitos hasta entonces. En este sentido Joseph Beuys fue un pionero, ya que, tal y como lo contamos en el capítulo anterior, recurrió a materiales como la grasa, el fieltro o la sangre de liebre. Sin embargo Beuys no lo hizo por su posible carga simbólica sino más bien por sus supuestas propiedades físicas o alquímicas y porque en opinión de sus exegetas podían tener «un potencial energético». Esta actitud daría lugar a una corriente de origen europeo que el crítico italiano Germano Celant bautizó en 1969 como «arte povera». Con este nombre, Celant designaba a una serie de jóvenes artistas de su país que incorporaban en sus montajes materiales «pobres», como el algodón, las piedras, el carbón, la cera, la leña, la paja, el hielo y hasta el fuego o los animales. «Fue una estrategia promocional y a la vez un posicionamiento teórico: un reconocimiento a la necesidad ... de contraponerse al himno americano de la vida consumista», escribió el crítico Kevin Power en la revista *El Cultural* (abril de 2002).

Bajo esta nueva etiqueta se reunían artistas como Mario Merz (1925-2003), Jannis Kounellis (1936), Michelangelo Pistoletto (1933), Giulio Paolini (1940) y Pier Paolo Calzolari (1943), entre otros, creadores de precarias e insólitas instalaciones, que contrastaban con el rigor y la frialdad industrial de los minimalistas americanos. Algunos de ellos pasarían a ejercer una enorme influencia sobre las generaciones posteriores. Así ocurre por ejemplo con Mario Merz, conocido por sus frágiles iglúes hechos con arcilla o con hojas de cristal, combinadas con inscripciones de neón fluorescente. A los artistas del povera les gusta crear contrastes entre lo natural y lo industrial. En una de sus primeras instalaciones, titulada *Che fare* y presentada en la galería L'Attico de Roma el año 1969, Mario Merz construyó un iglú de cristal y aparcó a su lado un coche cubierto con algunas ramas de árboles. La explicación de Germano Celant sobre este extraño montaje es que «mediante la representación de una serie de conjuntos incoherentes, concebidos como un solo hecho, Merz quería expresar su idea de la percepción de la realidad, que no resulta de una serie de objetos constantes, sino de unos impactos indiferenciados». Celant y los defensores del povera señalaban que sus obras recuperaban una dimensión poética y literaria frente al conceptualismo norteamericano.

Jannis Kounellis, que tiene un sentido muy personal de entender lo poético, sorprendió incluso a los «iniciados» cuando expuso en la misma galería L'Attico doce caballos vivos. Una acción bastante más relacionada con la transgresión pura y simple que con la supuesta carga simbólica y hasta mística que alegaban algunos críticos. Nacido en Grecia el año 1936, pero residente en Roma, Kounellis se ha convertido en otra de las grandes estrellas del arte internacional venerada y mimada por galerías y museos de todo el mundo. Su obra se caracteriza por el gusto por la *mise en scène*, que plasma con frecuencia en dramáticas instalaciones. Utiliza a menudo grandes planchas de hierro, que cubren las paredes y las ventanas, sobre las que fija con barras de metal sacos de carbón, trozos de arpillera o viejos abrigos. Sus montajes suelen producir una sensación de agobio y angustia, una experiencia cercana a la sensibilidad centroeuropea de Tadeusz Kantor, como reconoció él mismo en una entrevista que le hice en 1998 para el diario *El Mundo*. «Es curioso, pero la mayoría de la gente suele asimilar mi obra al mundo mediterráneo del que procedo. Pero en realidad comparto muchas afinidades con la cultura centroeuropea y por supuesto hay aspectos del arte de Kantor que me atraen mucho», señaló entonces. La ascendencia del maestro polaco es particularmente evidente en sus escenografías, como la que realizó en 1992 para el montaje de *Die Mauser* en el teatro Schauspielhaus de Düsseldorf.

Pero Kounellis es también el artista de los excesos. En algunas de sus instalaciones, realizadas en museos y galerías, el artista griego ha llegado a una grandilocuencia desmesurada e incluso a una brutalidad bastante gratuita y discutible, como, pongamos por caso, cuando colgó sobre sus reiteradas planchas de metal una serie de piezas de carne recién salidas del matadero que se acompañaban de un hornillo de gas encendido. Esta dudosa parodia de la naturaleza muerta tuvo como escenario el Espai Poblenou en Barcelona el año 1989 y fue percibida como una intervención inútil y sin sentido. No se daba allí para nada la transgresión que podíamos intuir en la exposición de los caballos en 1969. Pero claro, aquélla era otra época, en la que la subversión estaba al orden del día. «En 1962 y 1963 nosotros ya estábamos viviendo el "espíritu del 68" y en 1968 ya nos sentíamos totalmente comprometidos con la política», escribió Kounellis en un texto publicado en la revista *Domus* el año 1984. Para Kounellis y para muchos artistas de su generación este compromiso se traducía en una oposición radical a todo, es decir, tanto al sistema sociopolítico establecido como a las convenciones del arte y de los circuitos de difusión.

El estallido del mayo francés, con su aspiración utópica de abolir todas las prohibiciones, acabó politizando también todos los ámbitos de la cultura. Era la época de la contestación estudiantil, con el desarrollo de la contracultura y del movimiento hippy. Tiempos contradictorios, en los que la búsqueda de cierto hedonismo se mezclaba con el impulso de la rebeldía ideológica. En Estados Unidos, las protestas contra la guerra del Vietnam y los movimientos de liberación sexual tuvieron gran resonancia en el mundo artístico, y fórmulas como el arte conceptual o las performances permitían pasar con facilidad al activismo político. El arte estaba viviendo los últimos sobresaltos de la vanguardia, y con la explosión de las prácticas artísticas, la creación plástica se iba deslizando hacia terrenos cada vez más alejados del Arte con mayúsculas.

4

LA DEVALUACIÓN DE LA VANGUARDIA

Por lo que acabamos de comentar, es evidente que las nuevas corrientes aparecidas durante la década prodigiosa abrieron la puerta a la disolución de la noción de arte. Se iniciaba así un proceso que cambió profundamente la naturaleza de la creación artística, suprimiendo poco a poco su dependencia a determinadas particularidades estilísticas. Lo que vino después fueron múltiples variantes del arte conceptual, que modificó radicalmente la actitud de los artistas. Una de las exposiciones clave de esta metamorfosis fue «Quand les idées deviennent formes» (Cuando las ideas se convierten en formas) organizada por Harald Szeemann el año 1969 en la Kunsthalle de Berna, que sirvió para lanzar a Joseph Beuys a la escena internacional y para difundir la idea de que el concepto o la propuesta del artista era más importante que la realización de la obra. Tres años después, en 1972, la Documenta 5 de Kassel acabó institucionalizando las nuevas corrientes nacidas en los años sesenta, como el arte conceptual, el minimal y el land art y el povera, que daban el portazo al icono objeto.

Curiosamente junto a estas tendencias, que rompían con la tradición del cuadro y de la escultura, la Documenta 5 promovía también el fotorrealismo o hiperrealismo, un nuevo movimiento pictórico lanzado, como no podía ser menos, por el poderoso mercado neoyorquino. Estaban allí sus máximos representantes, todos ellos de nacionalidad norteamericana, como Chuck Close (1940) y Richard Estes (1936), autores de pinturas de gran formato realizadas a partir de una fotografía. Participaban también John de Andrea (1941) y Duane Hanson (1925), conocidos por sus esculturas de personas a tamaño natural, que confunden por su verosimilitud al espectador más avispado. Las obras de todos ellos evocan situaciones banales de la realidad, hasta el punto de que muchos vieron en el hiperrealismo una nueva versión del pop art. Por poner un ejemplo, Duane Hanson se ha hecho mundialmente famoso con esculturas de un realismo perfecto, como su célebre ama de casa, con rulos en la cabeza, empujando un carrito de la compra, una obra emblemática convertida desde su creación en uno de los iconos del arte de los setenta. «Hanson logra con sus esculturas una penetración espiritual y material y una intensificación mutua entre arte y vida», escribió el crítico Peter Sager en su libro *Nuevas formas de realismo* (1981). A los ojos del mundo, el hiperrealismo surgía como una nueva moda inventada por los norteamericanos, para llamar la atención del público con una propuesta artística mucho más asequible y comercial que las obras del arte conceptual y del land art. Parecía como el último sobresalto para impedir la desaparición de un arte verdaderamente «visible».

Pero la Documenta 5 de Kassel puso también de manifiesto una situación que pasó a convertirse en algo sintomático a partir de la década de los setenta: la coexistencia de diferentes tendencias. El propio título del certamen, «Mitologías individuales», indicaba claramente que ya no había un estilo dominante, característico de una época. Por otra parte, se empezaba a percibir el final de la idea de progreso histórico con aquella sucesión de corrientes que se encadenaban una tras otra. De hecho, el filósofo norteamericano Arthur Danto asegura en su libro *Más allá de la Caja Brillo*, publicado en Estados Unidos en 1992, que la gran época de la pintura, que para este especialista se inicia con el Renacimiento y alcanza su apogeo con el modernismo, se acaba con la eclosión del pop art. A partir de ese momento las obras de los artistas «ya no se enmarcan en el contexto de un relato según el cual crear arte significaba hacer adelantar una historia hecha de descubrimientos y de rupturas siempre innovadoras», afirma rotundamente Danto. Resulta por tanto evidente que la noción de progreso ya no tiene sentido y que los artistas se encuentran ante una situación nueva, que les exige la búsqueda de sus propios argumentos para demostrar la validez de su creación. Y es por esta razón que en el ámbito del arte se hablará cada vez más de individualidades en lugar de corrientes.

El declive del concepto de vanguardia entendido en su aceptación original «como unidad moral de arte combativo y de proyecto ideológico que afecta a todos los ámbitos de la creación», según la definición del catedrático de estética Simón Marchán, empezó a percibirse realmente en los años setenta. Todavía a principios de esta década seguían flotando en el ambiente los sueños utópicos de mayo del 68. Algunos artistas del povera y del land art, o arte ecológico, como se le ha llamado también, pensaban que a través de sus instalaciones y environments podrían llamar la atención del público sobre los acontecimientos y problemas de la época.

Esto es lo que empezó a hacer el artista alemán Hans Haacke (1936), actualmente afincado en Estados Unidos, al estudiar en sus trabajos los sistemas naturales y orgánicos. Así, por poner un ejemplo, la observación de fenómenos físicos como la condensación del agua en las cataratas de Ithaca le inspiró uno de sus primeros proyectos, *Spray of Ithaca Falls, Freezing and Melting on Rope*, realizado en 1969 para la exposición «Earth Art» en la Cornell University Ithaca (Nueva York). Aquello era un experimento sin demasiada trascendencia fuera del ámbito universitario. Pero Hans Haacke no se quedó allí y decidió centrar su actividad en trabajos políticamente comprometidos que han provocado más de una polémica. En 1971 Thomas Messer, entonces director del Guggenheim Museum de Nueva York, canceló una exposición individual de Haacke en el museo porque el artista se negó a retirar el proyecto *Shapolsky et al. Manhattan Real Estate Holdings, a Real-Time Social System, as of May 1, 1971*, integrado por documentos y fotografías en los que denunciaba la especulación inmobiliaria llevada a cabo en Manhattan por la poderosa familia Shapolsky. Años más tarde, invitado a exponer en la Fundació Joan Miró de Barcelona en 1991, Hans Haacke decidió centrar su montaje sobre la utilización de elementos iconográficos sacados de la obra de Joan Miró en logotipos y publicidad corporativa de bancos y empresas públicas y privadas. Entre las imágenes seleccionadas por el artista destacaba la conocida estrella azul de «la Caixa» extraída de un tapiz del artista barcelonés. Pocas semanas antes de la inauguración, la muestra fue

cancelada «por problemas de financiación surgidos inesperada-
mente», según el parte oficial. En realidad se trataba del temor a
perder un posible patrocinio de la mencionada entidad financiera.

Pero Hans Haacke no se ha dado nunca por vencido y en 1995
en la exposición «Obra social» celebrada en la Fundació Antoni Tàpies de Barcelona dedicó un montaje especial a «la Caixa», en el
que entre otras cosas mostraba el poder tentacular de esta entidad
de ahorros. Tal y como podemos leer en el catálogo de la muestra,
Haacke recordaba además que «la Caixa» había comprado el tapiz
de Miró por quince millones de pesetas pero que el artista catalán no
había cobrado un duro por el logotipo extraído de su obra. A lo largo de su carrera, el artista alemán no ha dudado en sacar a la luz pública los abusos de poder y los negocios turbios de empresas como
Benetton, que subcontrató a trabajadores no sindicados (*Dyeing
for Benetton*, John Weber Gallery Nueva York, 1994), el Deutsche
Bank y su conexión con el *apartheid* en Sudáfrica (*Kontinuität*, Documenta 8 Kassel, 1987) y el publicista británico Charles Saatchi, que
utilizaba sus influencias en instituciones públicas como la Tate Gallery para incrementar la cotización de los jóvenes artistas de su colección privada (*Taking Stock*, 1983-1984, Tate Gallery, Londres).

En su particular batalla de denuncias, Haacke no pierde ninguna oportunidad para hacer historia y para recordar hechos o ver-
dades a menudo incómodos. Invitado por su país natal a participar
en la Bienal de Venecia de 1993, Haacke realizó en el Pabellón de
Alemania Federal la impactante instalación *Germania*, inspirada
en hechos históricos de contenido explosivo. Sobre la fachada del
pabellón colocó como efigie una moneda de un marco alemán con
fecha de 1990, año de la reunificación alemana. A la entrada del re-
cinto colgó una fotografía gigante mostrando a Hitler durante su
visita a la Bienal de Venecia del año 1934. Cuando el espectador
penetraba en el interior del edificio, tenía que pisar un suelo completamente roto, provocando un ruido verdaderamente estruen-
doso. Haacke convertía así un encargo público en una denuncia monumental concebida en función del momento y del lugar de
la exposición. «La violencia de la denuncia está compensada por la
generosidad del encargo y así la institución —en este caso el gobierno de Alemania Federal— espera haber manifestado su espíri-

tu aperturista, llevado en algunos casos hasta el masoquismo», observa el filósofo Rainer Rochlitz en su libro *Subversion et subvention* (1994).

Hans Haacke ha sido uno de los artistas que mejor ha sabido sacar partido de la ambigüedad de las instituciones, que a menudo aceptan financiar obras subversivas, centradas en la crítica de esta misma institución. Dentro del ámbito del arte conceptual, el trabajo de Haacke ocupa un lugar destacado, porque, lejos de encerrarse en reflexiones teóricas o bastante estériles como las de Kosuth o Lawrence Weiner, ha utilizado sus mecanismos para poner de manifiesto con rigor y eficacia situaciones concretas y polémicas. Es cierto que su trabajo se encuentra más cercano a la investigación periodística que a las artes plásticas, aunque conviene recordar y reconocer que en casos como el citado montaje de *Germania* el artista consiguió sintetizar visualmente el objeto de la denuncia de una manera inteligible.

Por sus propios planteamientos, el arte conceptual ha propiciado a menudo obras que pretenden reflejar una conciencia social o llamar la atención sobre acontecimientos de la época. Parece ser que las ideas ya no salen del taller sino que los artistas las van a buscar a la calle. Así en España, y más especialmente en Cataluña, a partir de 1971 una serie de creadores influenciados por el arte povera, el conceptual y el land art orientaron sus actividades hacia prácticas antiartísticas para suscitar una reflexión crítica contra el *establishment*. Eran las postrimerías del franquismo y la contestación había llegado también al ámbito de las artes plásticas. Creadores de diferentes disciplinas como el músico Carles Santos (1940), el cineasta Pere Portabella (1927), y artistas como Francesc Abad (1944), Jordi Benito (1951), Francesc Torres (1949), Carles Pazos (1949), Àngels Ribé (1943), Eugènia Balcells (1943), Antoni Muntadas (1942), Antoni Miralda (1942) y Dorothée Selz (1946), entre otros, protagonizaron acciones y performances con las que querían cuestionarlo todo, o casi todo: la dictadura de Franco por supuesto, pero también el acto creador, la pintura, la escultura, los museos y las galerías... Exposiciones como la «Primera Muestra de Arte Actual» (L'Hospitalet, 1972) e «Informació d'Art, Concepte» (Banyoles, 1973) proclamaban su anticonformismo, mezclando la performance con cierto activismo sociopolítico, dentro de los límites permitidos por la censura. Algunos participaron en las actividades conjuntas del Grup de Treball, que editaba folletos, manifiestos, realizaba trabajos documentales como *Champ d'attraction*, un análisis de la prensa clandestina catalana, que no sería presentado en España sino en la Bienal de París del año 1975.

Su rechazo de los aspectos comerciales del arte y de los lenguajes tradicionales, especialmente la pintura, provocó en el mundillo artístico catalán una polémica desatada por una serie de cartas al director remitidas por Antoni Tàpies y publicadas en *La Vanguardia* en la primavera de 1973. El artista barcelonés denunciaba el arte conceptual catalán como «una actitud que quiere ser agresiva y politizada, aunque, al no apoyarse sobre algo sólido ni estar adaptada a las necesidades de nuestro país, no pasa de ser una declaración contestataria con esos signos de infantilismo a menudo tan negativos». Algunos años más tarde, en una conversación con Georges Raillard recogida en el libro *La realitat com a art* (1982), Tàpies quiso matizar aquella reacción:

> Creo que fue exagerado decir que yo en Barcelona vivo en un estado polémico, porque en un momento dado haya defendido la especificidad de la pintura ... La pintura, como en otros lugares, fue atacada aquí por un grupo bastante reducido que creía que los «medios alternativos» (vídeo, environments, happenings, body...) estaban haciendo una auténtica revolución política que transformaría no sólo la situación artística sino también la sociedad y que, por lo tanto, se había de eliminar la pintura. En algunos de mis escritos creo haber probado que se presta un servicio mucho más importante a la sociedad cuando conviven en ella todos los lenguajes con la máxima libertad.

La libertad es precisamente lo que los artistas conceptuales catalanes, y en definitiva toda España entera, estaban descubriendo con la llegada de la democracia. El fin de la dictadura con la muerte de Franco en 1975 había creado una nueva situación, en la que los artistas ya no necesitaban hacer tantos manifiestos colectivos. A partir de entonces cada uno emprendió su propio camino. Algunos de ellos mantuvieron, sin embargo, su actitud combativa, como en el caso de Antoni Muntadas, que se fue a vivir a Nueva York para dedicarse al videoarte, un nuevo género que en las siguientes décadas tendría un desarrollo espectacular en detrimento de la pintura. Cercano a ciertos planteamientos de Hans Haacke, Antoni Muntadas ha iniciado una crítica sistemática de los *media* y de su manipulación por parte de los poderes políticos, económicos y religiosos. Sus trabajos suelen tener una fuerte base conceptual con documentos, fotografías y filmaciones.

En muchos de sus vídeos concebidos a partir de un montaje-collage, Muntadas deconstruye tanto la información como los mensajes publicitarios o políticos. Eso es lo que hizo, por ejemplo, en su trabajo *TVE Primer intento* (1988-1989), un montaje crítico y contundente sobre los archivos de Televisión Española realizado para el programa *Metrópolis* y que finalmente fue rechazado sin ninguna explicación. «Creo que les molestaba, porque mi obra ofrecía una imagen del desorden», comentó entonces el artista. Este incidente le serviría después para impulsar el proyecto *The File Room*, desarrollado a partir de 1994 sobre la censura en el arte. Presentada en el Chicago Cultural Center en 1994, en la Bienal de Lyon en 1995 y en el Centre d'Art Santa Mònica de Barcelona en 1996, la instalación interactiva de Muntadas consistía en la reconstrucción de una oficina siniestra repleta de archivadores, entre los cuales destacaban algunos monitores conectados a internet, que difundían los datos de más de quinientos casos de censura de obras de arte, ocurridos en todo el mundo. En medio de la estancia el artista había puesto a disposición del visitante una vieja mesa de despacho con un ordenador para poder consultar todo este banco de datos y al mismo tiempo denunciar los nuevos casos de censura que pudieran producirse. En otros montajes, como en *The Board Room* (1988), la *mise en scène* resulta bastante más elocuente. Esta vez se trata de una inmensa sala de juntas, de cuyas paredes cuelgan una serie de trece retratos de personalidades religiosas y predicadores, como el Papa y el ayatolá Jomeini. El rostro de estos personajes es un pequeño monitor de televisión, que emite grabaciones de sus voces mientras pronunciaban alguno de sus discursos.

Si en este caso la obra posee un importante impacto visual y su mensaje resulta bastante claro, éste no es el caso de muchos de los montajes e instalaciones que se irán haciendo a partir de los años setenta. En su proyecto *On Translation* (1995-2002), presentado entre otros en la Documenta 10 de Kassel de 1997 y en el Museu d'Art Contemporani de Barcelona en 2002, Antoni Muntadas intentaba visualizar una reflexión sobre el fenómeno de la traducción y el problema de la manipulación de los mensajes. Y aunque el artista parte de situaciones concretas, la necesidad de leer numerosos textos y documentos para entender el mensaje invalida en gran parte la propuesta de Muntadas, más propia de un libro que de una exposición museística. El problema de la visibilidad del arte unido al desprecio por el sentido de la estética es un tema que desde los años setenta ha creado una gran confusión en torno al arte contemporáneo. Pocos son los creadores que han sabido aunar en sus obras un planteamiento conceptual riguroso con una realización plásticamente atractiva.

En este contexto el artista catalán Antoni Miralda es una feliz excepción, ya que desde la década de los setenta ha ido creando en los cinco continentes ceremonias, fiestas y rituales en los que no ha dejado nunca de ironizar sobre los tics y las incongruencias de la sociedad de consumo por medio de montajes espectaculares. Y lo ha hecho partiendo de las costumbres culinarias y convirtiendo todo lo relativo a la comida en materia artística. Al igual que Muntadas, el artista de Terrassa se fue a vivir a Nueva York, donde empezó a organizar banquetes de todos los colores. En 1974 realizó el proyecto *Movable Feast* para clausurar el Primer Festival Internacional de la Novena Avenida. En aquella ocasión, Miralda creó una gigantesca carroza de tres niveles, compuesta por alimentos coloreados (comestibles, por supuesto) y adornada de paneles de arroz representando las diversas nacionalidades de los vecinos de la zona. Tirada por dos caballos, la inmensa carroza recorrió uno de los barrios más populares del West Side, lleno de restaurantes y pequeños comercios amenazados de expropiación por una reforma urbanística. La fiesta, financiada en su totalidad por los comerciantes del lugar, pasó a constituir la primera manifestación de toma de conciencia colectiva de los habitantes. Miralda intentaría siempre unir en sus montajes la faceta lúdica con una intención crítica o reivindicativa.

Como ocurre en el caso de Christo, Miralda prepara minuciosamente sus proyectos con dibujos, planos y fotografías, que forman parte de su proceso creador. En cada montaje parte de una situación concreta relacionada con el lugar de su intervención y la tradición de sus habitantes. «Antropólogo buceador, Miralda observa los usos y costumbres, los aísla para extraer su contenido simbólico y después organiza la transferencia estético-poética y su proyección en el universo de la Fiesta», escribió en 1982 Pierre Restany en el libro *Miralda, une vie d'artiste*.

En 1981 Miralda se introdujo literalmente en la vida de la ciudad de Kansas City, el principal centro de producción de cereales y de ganadería de Estados Unidos. El artista consiguió incorporar sus propias performances e instalaciones al calendario de conmemoraciones y festejos de aquella capital dominada por el negocio de la carne y del trigo. Participó así en la fiesta de la cosecha con el montaje *Harvest Queen* (Reina de la Cosecha), representada por una corona de cinco metros de altura, toda en azul y oro, hecha de pan, maíz y manteca de cerdo. Organizó también un cortejo con varios ejemplares de bovinos reproducidos en plástico y arrastrados por un viejo Cadillac. En la Board Trade (la bolsa de cereales que más transacciones realiza junto con la de Chicago) invitó a los habitantes de la ciudad a una curiosa ceremonia, donde el corro bursátil se convirtió en pista de baile y las mesas de subastas en vitrinas informativas sobre todo lo relacionado con el trigo y la carne. Pero una de las performances más llamativas fue el desfile a ritmo de tambores de gigantescas chuletas de carne reproducidas en poliespán y llevadas como estandartes por unos portadores mediante inmensos tenedores y cuchillos. Para realizar este ambicioso proyecto titulado *Wheat & Steak*, Miralda estuvo trabajando durante más de dos años, y toda la documentación y los dibujos preparatorios se expusieron en la Nelson Gallery of Art de Kansas. Fue un espectáculo a gran escala, en el que el artista catalán jugó con el *kitsch* y el gigantismo, dos características de la cultura de la América profunda.

Recogiendo algunas de las premisas de Fluxus pero inventando su propio universo, Miralda consiguió ese propósito tan perseguido por los artistas de los años sesenta, la unión del arte con la vida. «Su lenguaje está tan conectado con la vida que no dejará nunca de seguir extrayendo el jugo de lo maravilloso y la esencia de la Fiesta», aseguró Pierre Restany. A lo largo de su carrera, Miralda se ha mantenido fiel a sus planteamientos. Desde la *Festa Für Leda*, una ceremonia organizada en la Documenta 6 de Kassel de 1977, hasta el proyecto *Honeymoon* (1986-1992), que consistía en casar simbólicamente el monumento a Colón de Barcelona y la estatua de la Libertad de Nueva York para celebrar el quinto centenario del descubrimiento de América, Miralda ha ido desarrollando su propia liturgia en montajes irónicos, en los que implica siempre al público, estrechando así lazos con la cultura popular. Su trabajo, junto con el de Hans Haacke y el de Antoni Muntadas, es bastante representativo del espíritu de los años setenta, por su ruptura con el objeto artístico y su tendencia a orientarse hacia otros territorios, como la ecología, la antropología o la sociología.

Pero si nos hemos detenido en la obra de esos tres artistas no es únicamente porque su trabajo ha sido coherente, sino también porque ilustran esa diversidad de opciones que la Documenta 5 de Kassel había puesto de manifiesto. El problema es que, dentro de esta diversidad, vemos cómo muchos quisieron apuntarse a la cruzada antiartística de los años setenta sin saber claramente cuál era el rumbo que deseaban seguir. La vanguardia estaba en entredicho, mientras la crisis del petróleo del año 1973 había empezado a ensombrecer seriamente el optimismo económico de la «década prodigiosa», creando un cierto desconcierto. En este contexto, un número creciente de artistas se dedicaba a la performance, un género que, como ya hemos visto, permite toda clase de fantasías. Las connotaciones sexuales y escatológicas se hicieron bastante frecuentes para llamar la atención y a menudo para encubrir, tras una apariencia transgresora, la gratuidad de la propuesta. Así el artista norteamericano Vito Acconci (1940), considerado por la crítica especializada como «el antihéroe de los años setenta», realizó en 1972 la «histórica» performance *Seed bed* (Cama semental), que según sus hagiógrafos fue «su intervención más notable». La acción tuvo lugar en la famosa galería Sonnabend de Nueva York, donde Acconci mandó construir una tarima, bajo la cual permaneció tumbado mientras se masturbaba y hablaba a su «miembro». El público que se paseaba encima de la tarima no veía al artista, pero podía oír los sonidos retransmitidos en la galería por medio de altavoces.

Con otro estilo, el también norteamericano Paul McCarthy (1924) intentó con sus agresivas performances criticar la cultura popular americana. Retomando algunas premisas masoquistas de los accionistas vieneses, McCarthy realizó entre 1972 y 1974 una serie de acciones de tipo escatológico, tales como *Meatcake*, *Hot Dog* y *Heinz Ketchup Sauce*, en las que ingería salsa de tomate, carne y salchichas crudas, hasta llegar a la náusea, o bien utilizaba alimentos envasados para simular falsos fluidos corporales —eyaculaciones y hemorragias—. «En algunas de sus performances, creaba a menudo personajes en las fronteras de la identidad sexual que presentaba mediante el vídeo, anticipándose así a las preocupaciones de los años noventa por su aspecto grotesco y abyecto», escribió Paul Schimmel en el citado catálogo *Out of Actions*. De ahí que su obra, a pesar de resultar absolutamente gratuita y carente de cualquier objetivo político, cultural o psicológico, haya sido tan revalorizada por el mercado durante la última década.

Con la proliferación de performances y happenings, el vídeo y la fotografía fueron dos géneros que empezaron a cobrar importancia en los años setenta, porque, entre otras razones, eran los únicos medios para conservar la huella de estas obras efímeras. Pero al mismo tiempo, en una época en la que se rechazaban tanto los lenguajes tradicionales como la pintura y la escultura, el vídeo y la fotografía se convirtieron en los nuevos campos que había que explorar. Ése fue el camino señalado en 1977 por la Documenta 6 de Kassel, que llamó la atención sobre estos medios, todavía no considerados como lenguajes verdaderamente «artísticos».

La fotografía empezó a ser utilizada por los artistas no solamente para documentar sus acciones, sino también como medio para explorar nuevos ámbitos o incluso como punto de partida para realizar montajes específicos. Así el francés Christian Boltanski (1944), uno de los artistas invitados en Documenta 6, abandonó la pintura para crear a partir de los años setenta insólitas instalaciones cargadas de nostalgia. En sus obras reúne fotografías recuperadas y objetos usados para reconstruir la memoria real o ficticia de personas desconocidas, como hizo en su tétrica instalación *Boîtes de biscuits* de 1971. Con el tiempo, Boltanski ha llenado los museos de sus reiterativos *Inventarios, Reservas* y *Monumentos*, que realiza acumulando viejos archivos metálicos alumbrados por débiles bombillas, en los que recopila retratos o datos biográficos de personas anodinas, desaparecidas o muertas. Así en la obra *Registres du Grand Hormu*, el artista construyó un angustioso pasillo con la superposición de cajones metálicos sobre los cuales aparecían escritos los nombres de los niños que trabajaron en las minas de Bélgica a principios del siglo XX. Es evidente que en el trabajo de Boltanski hay un planteamiento de raíz conceptual, muy vinculado a las corrientes de los años setenta y que el artista francés irá explotando con un mismo esquema a lo largo de toda su carrera.

Los conceptualistas han utilizado ampliamente la fotografía como herramienta para hacer experimentos, como los del holandés Jan Dibbets (1941), que trabaja sobre fotografías de paisaje. En su serie *Dutch Mountains*, Dibbets consigue transformar la llanura del campo holandés en un relieve montañoso mediante la ordenación especial de secuencias fotográficas. Con un objetivo similar el alemán Klaus Rinke (1939) modifica en su obra fotográfica *Codo del Rhin junto a Düsseldorf* (1975) la perspectiva del río alemán, como si se hubiese producido un desplazamiento del terreno. Lo de las secuencias fotográficas no era del todo nuevo, ya que un pionero como el británico Eadweard Muybridge (1830-1904) lo había probado a finales del siglo XIX para crear en sus fotografías efectos de movimiento. Pero si mencionamos los trabajos de Klaus Rinke y Jan Dibbets es porque son ejemplos representativos de toda una corriente que ha utilizado la fotografía no con fines artísticos, sino como un medio para desarrollar un concepto, según un método basado en la geometría, en las matemáticas o en los estudios sociológicos. Son obras que reflexionan a menudo sobre el fenómeno de la percepción con un planteamiento cercano al documento científico o incluso al informe gráfico más simplista. Podemos entender que el artista aficionado al rigor y al cálculo disfrute realizando este tipo de obras; pero a los ojos del público son experimentos que resultan bastante aburridos e insípidos, porque son meros ejercicios conceptuales, vacíos de contenido. Sin embargo, es interesante destacar el interés creciente por la manipulación de la fotografía y de la imagen filmada, preludio de la gran mutación de las artes plásticas de finales del siglo XX, con la llegada de nuevas tecnologías.

Una vez más fue la Documenta 6 de Kassel la que marcó la pauta, con la presencia del coreano Nam June Paik, que realizó una transmisión del evento vía satélite. Pero ésta no sería su primera hazaña, ni mucho menos. Nacido en Seúl en 1936, Paik es un pionero del llamado «videoarte» y el precursor de esa «fetichización» de la tecnología, que caracteriza nuestra sociedad actual. Más allá de sus vínculos con Fluxus, el artista coreano abrió el camino a una nueva carrera, la de «videoartista», que tantos aficionados ha atraído en los años noventa. A lo largo de su carrera Paik ha explorado los nuevos medios de comunicación para intentar encontrar otra manera de «hacer arte» recurriendo a los procedimientos electrónicos. Empezó en 1963, cuando instaló en la galería Parnasse de Wuppertal (Alemania) trece televisores comprados de segunda mano que proyectaban imágenes alteradas y abstractas. Paik dijo que con esta obra titulada *Exposition of Music-electronic* había «inventado la televisión abstracta». El 4 de octubre de 1965, el día en el que el Papa visitaba la ONU, el artista coreano se paseó por las calles de Nueva York con una de las primeras cámaras portátiles que acababa de comercializarse. Paik, que se desplazaba en taxi, realizó desde la ventanilla una grabación de imágenes en vídeo, que abriría las puertas a múltiples experimentos. El propio artista anunció en la presentación de la cinta, celebrada en un conocido café de Nueva York, que «del mismo modo que la técnica del collage ha desbancado la pintura al óleo, el tubo de rayos catódicos sustituirá al lienzo».

A finales de los años setenta el coreano organizó varias performances musicales que eran un desafío en la manera de interpretar y escuchar música. Es el caso del happening *Sostén TV* (1968), en el que la concertista Charlotte Moorman aparecía desnuda de cintura para arriba tocando el violín, con dos espejos circulares en sus pechos, que reflejaban el objetivo de las cámaras enfocándole el rostro. Según cuenta Michael Rush en su libro *Nuevas expresiones artísticas a finales del siglo XX* (1999):

Paik y Moorman fueron detenidos en 1967, porque en la acción *Sextrónico* Charlotte Moorman salía con los pechos al aire tocando con un arco la espalda desnuda de Paik como si fuera un contrabajo.

Para justificarse, Paik dijo: «Quería agitar las oscuras aguas de los asexuados concertistas de traje negro». Más tarde, Nam June Paik abandonaría la performance para dedicarse a construir grandes videoinstalaciones, en las que utiliza el monitor de televisión como elemento escultórico. Con el vídeo ha recogido imágenes de diferentes procedencias, en las que las composiciones de John Cage desempeñan un papel importante. Estos mismos trabajos fueron utilizados en sus videoinstalaciones, como *Tricolor-Vídeo*, realizada en el Centre Pompidou de París en 1983 con más de cuatrocientos aparatos proyectando sus propias obras. Su megalomanía televisiva alcanzó casi el delirio cuando, coincidiendo con los juegos olímpicos de Seúl en 1988, construyó en el Museo Nacional de Arte Moderno de aquella ciudad una pieza monumental titulada *Cuanto más mejor*. Era une suerte de torre de Babel edificada con 1.003 monitores, cuyas pantallas parpadeaban de forma permanente. Absolutamente fascinado por la tecnología, Nam June Paik se dedicó también a construir esculturas en forma de robots mediante la acumulación de televisores manipulados.

La obra de Paik es bastante sintomática del frenesí catódico que se ha apoderado de nuestra sociedad. Compartía así su obsesión por los poderes de la televisión con su colega y compañero de viaje en Fluxus, el alemán Wolf Vostell (1932-1998), quien incluso se le había anticipado, creando en 1958 su primer *TV De-collages*, mediante la manipulación del televisor que emitía imágenes deformadas. Al presentar esta obra, Vostell aseguró que «el aparato de televisión quedaba ya definitivamente declarado ¡la escultura del siglo XX!».

Por supuesto, el comentario era un claro desafío lanzado contra la pintura y los lenguajes tradicionales, que a lo largo de la década de los setenta fueron el blanco de múltiples ataques. En medio de tanta adversidad, algunos intentaron sin embargo rehabilitar la pintura, o al menos considerarla desde una nueva perspectiva. Eso es lo que

hicieron los artistas franceses de Supports/Surfaces, como Claude
Viallat (1936), Louis Cane (1943), Marc Devade (1943) Jean-Pierre
Pincemin (1944) y Christian Jacquart (1939). Respaldados por el so-
porte teórico de filósofos y críticos como Philippe Sollers y Marcelin
Pleynet, colaboradores de la revista *Tel Quel*, los integrantes del gru-
po querían llamar la atención sobre los propios componentes de la
pintura y del acto de pintar. Su reflexión partía a la vez de la obra de
Matisse y de la influencia de la abstracción norteamericana de artis-
tas como Barnett Newman, Robert Morris, Ad Reinhardt y Frank
Stella.

La parte esencial de su trabajo se centraba fundamentalmente en analizar los diferentes elementos físicos del cuadro, la forma,
el bastidor y la textura de la tela, poniendo de manifiesto el aspecto artesano del quehacer pictórico. Así, sus pinturas no son cuadros
en el sentido tradicional, ya que sus autores suelen separar el bastidor de la tela, presentando esta última sin soporte, como hicieron
Viallat y Cane, mientras otros como Dezeuze se limitaban a exponer sólo el bastidor.

Solían pintar grandes superficies de tela de manera uniforme o
repetir un mismo motivo o elemento, recurriendo a colores obteni-
dos mediante técnicas ancestrales. Como en el caso de los mencio-
nados pintores americanos, el propósito de estos artistas no era
otro que el de fijarse en los aspectos externos de la pintura y su
presencia física, excluyendo la idea de transmitir cualquier tipo de
mensaje. Su gusto por una pintura abstracta y monocromática ha
llegado con frecuencia a un *impasse*, a pesar de haber sido calificada por sus exegetas de «fundamental» o «analítica».

Aunque Supports/Surfaces fue un movimiento eminentemente francés, se encuentran experiencias similares en Alemania con la
obra de Blinky Palermo (1943-1977), un ex alumno de Beuys que
experimentó con telas monocromáticas colgadas sin bastidor y
componía cuadros cosiendo fragmentos de tela teñida. En España,
pintores como José Manuel Broto (1949), Xavier Grau (1951) y
Gonzalo Tena (1950) se sintieron atraídos por los planteamientos de
Supports/Surfaces en los inicios de su carrera, durante la década
de los setenta, aunque posteriormente cada uno por su lado se dedicó a la pintura, siguiendo caminos bastante divergentes.

Supports/Surfaces no constituyó realmente un movimiento renovador, simplemente fue como un toque de atención para reivindicar lo que se llamó entonces la «pintura-pintura», en un momento en el que prevalecían las tendencias no pictóricas, como el conceptual, el minimal o el land art. En Estados Unidos hubo otros intentos de reactivar la práctica de la pintura con el lanzamiento del pattern painting, una tendencia que se inspiraba también en el trabajo de Matisse, aunque se definió por su carácter eminentemente *kitsch* o decorativo. Sus principales representantes fueron los norteamericanos Robert Kushner (1949), Kim MacConnel (1950) y Robert Zakanitch (1935), que se inspiraron en motivos de telas estampadas y de papeles pintados para cubrir con ellos toda la superficie de la tela. Fue la suya una corriente bastante espontánea que no estuvo acompañada por un aparato teórico como Supports/Surfaces, y que tuvo una incidencia pasajera a pesar de los esfuerzos de algunos críticos y marchantes.

La década de los setenta fue un período en el que se cuestionó la naturaleza del arte con tal radicalidad que se creó una situación de verdadero desconcierto. Después de la efervescencia de mayo del 68, la libertad conquistada había hecho saltar todas las barreras, dejando a los artistas sin guía ni brújula. «El rey estaba desnudo», como se ha repetido a menudo. Ya no existen figuras faros, ni *maîtres à penser*, y tampoco hay grandes corrientes dominantes, sino una diversificación de tendencias y modas que, como escribieron los especialistas franceses Daniel Abadie y Alfred Pacquement en un extenso reportaje publicado en *L'Express* el año 1981, «no fue, desde luego, la mejor cosecha del siglo XX».

Es del todo cierto que, a lo largo de los setenta, no ha aparecido ningún movimiento relevante y la creación artística parecía haber entrado en un período de estancamiento, que empezaba a preocupar a los marchantes y a los galeristas. El mercado tenía ciertas dificultades para encontrar coleccionistas interesados en las nuevas obras alternativas, como los vídeos, y no digamos las instalaciones y los environments, unas propuestas que en muchos casos resultan invendibles.

¿Habría entrado el arte en una crisis real por agotamiento de la creatividad? Si esto era así, aquello no se podía consentir, y la reacción no tardaría en llegar. Convenía contrarrestar una situación que parecía haber tocado fondo. Curiosamente, lo que revitalizó el panorama del arte no fue la eclosión de un movimiento revolucionario, sino un retorno con fuerza de la pintura, que las corrientes antiartísticas de los años sesenta y setenta habían pretendido marginar de forma definitiva. Sin embargo, a partir de ese momento, lo que se ofrecerá como «nuevo» será esencialmente una relectura del arte del pasado. Habíamos entrado en la era de la posmodernidad, un término un poco confuso, que no solamente se aplica al arte sino a todo el ámbito de la cultura de los veinticinco últimos años. De hecho el primero en hablar de lenguaje posmoderno fue el arquitecto norteamericano Charles Jencks (1939) en su famosa crítica al movimiento moderno impulsado por Le Corbusier y Mies van der Rohe, un modelo de urbanismo que consideraba caduco y fracasado. En su libro *El lenguaje de la arquitectura posmoderna*, publicado en Londres en 1977, Jencks apostaba por una nueva interpretación de la tradición, reivindicando la ambigüedad, la ironía y la pluralidad de estilos.

En el ámbito de la arquitectura y más aún en el de la creación plástica, el eclecticismo pasó a convertirse en la palabra clave de la posmodernidad, una suerte de paraguas artificial, bajo el cual se aglutinarán propuestas supuestamente artísticas de naturaleza muy diversa. Como ha escrito el filósofo Eugenio Trías en su artículo «Sobre la muerte del arte» (*El Mundo*, 4 de septiembre de 2002), «la posmodernidad pone en cuarentena nociones como originalidad, creatividad y genialidad», aunque admite que existen honrosas excepciones. Lo verdaderamente cierto es que habíamos entrado en un período en el que, según el ensayista catalán, «la diferenciación crucial entre el arte y la chapuza, o entre el arte y el *kitsch*, parece difuminarse, o revolverse en remolino».

5

LA MODA DEL ARTE

Paradójicamente, esta realidad poco alentadora no impidió que el arte se convirtiera en el gran protagonista de la cultura de los años ochenta. Nunca los periódicos y los *media* en general dedicaron tanta atención a la creación contemporánea. De repente, el arte se puso de moda y aquello fue un fenómeno sin precedentes, que afectó a todos los ámbitos del mundo artístico. Se abrieron nuevos museos y galerías, se multiplicaron las ferias de arte y una auténtica fiebre especuladora se apoderó del mercado, que alcanzó a finales de los años ochenta cotas de cotización absolutamente desorbitadas.

Para generar toda esta efervescencia, algunos críticos y *curators* espabilados se inventaron corrientes aparentemente «nuevas», con etiquetas llamativas, detrás de las cuales se ocultaba el reciclaje de viejas categorías estéticas. Aparecieron así la transvanguardia italiana, el neoexpresionismo alemán y la Figuration libre francesa, que, sin aportar nada nuevo, contribuyeron a rehabilitar la pintura a los ojos de la crítica, que muy pocos años antes había declarado su muerte certera, considerándola como un lenguaje caduco y académico. De cara al público, el regreso de la pintura era un éxito garantizado. Después de la austeridad y el ascetismo del arte conceptual y minimal, las galerías volvían a llenarse de color y de cuadros «de verdad». En definitiva, las salas de arte ofrecían algo que, por fin, se podía vender con facilidad.

La pintura que empezó a promoverse a fuerza de marketing a principios de los ochenta era una pintura expresionista, exacerbada, brutal y agresiva, inspirada en fuentes tan diversas como el cómic, el grafismo publicitario, el arte primitivo, el Renacimiento, los cuadros de El Greco, Kirchner, Chagall o Kokoschka. Ante la imposibilidad de encontrar una innovación formal, los artistas se apoderaron del pasado con una libertad casi descarada. Al mismo tiempo se desentendían del estilo internacional de la abstracción minimal y objetiva, para volver a un lenguaje mucho más figurativo, partiendo a menudo de su propia subjetividad.

La transvanguardia, impulsada por el teórico y crítico de arte italiano Achille Bonito Oliva, parte, según su promotor, «de un análisis del contexto cultural, social, económico y moral de la sociedad en la que vivimos. Desaparecidos los modelos a los que el artista podía acogerse, deja de existir una perspectiva unívoca, así como una dinámica de la historia con sentido único... Transvanguardia significa arte de transición, y por tanto utiliza todas las tradiciones y toda la historia sin ninguna excepción». Con estos argumentos, el habilísimo Achille Bonito Oliva lanzó en la Bienal de Venecia de 1980 a jóvenes pintores como Sandro Chia (1946), Francesco Clemente (1952), Mimmo Paladino (1947), Enzo Cucchi (1950), Nicola de Maria (1954), Nino Longobardi (1953) y Ernesto Tatafiore (1943).

De un día para otro, algunos de ellos, como Clemente, Cucchi y Chia, se convirtieron en estrellas internacionales, cuya presencia pasó a ser requerida en los principales eventos artísticos organizados a ambos lados del Atlántico. En enero de 1980 Sandro Chia realizó su primera exposición en Nueva York y vendió todas sus obras. Las galerías de Manhattan, que en los últimos años de la década de los setenta habían caído en cierto letargo por culpa del exceso de obras minimalistas y conceptuales, volvieron a animarse, con la aportación esta vez de los artistas europeos. Parecía como si América volviera a descubrir Europa.

La pintura de la transvanguardia se caracteriza por un lenguaje ecléctico, a menudo teatral, con numerosas citas a las obras del pasado y un cierto gusto por la ironía. El éxito fue arrollador y en muy poco tiempo sus obras alcanzaron precios elevadísimos, algo que no se había visto nunca entre artistas tan jóvenes y con muy pocos años de carrera.

Lo mismo ocurrió con los neoexpresionistas alemanes, que irrumpieron con fuerza a principios de los ochenta. Aunque en el caso de sus máximos representantes, Georg Baselitz (1938), Anselm Kiefer (1945), Jörg Immendorff (1945), Markus Lüperz (1941) y AR Penck (1938), se trataba de artistas que se dedicaban a la pintura desde la década de los sesenta, pero que, al no estar en sintonía con el espíritu del tiempo, no habían conseguido aún llamar la atención de los galeristas. Lograron entonces su revancha, porque su pintura vehemente, de un cromatismo violento, ha invadido de forma repentina los principales museos de Europa y Estados Unidos.

El neoexpresionismo, tal y como su nombre indica, se inspira en la virulencia de los expresionistas alemanes de principios del siglo XX, los famosos artistas de Die Brücke y Der Blaue Reiter, como Ernst Ludwig Kirchner, Franz Marc y sus colegas austríacos Egon Schiele y Oskar Kokoschka. Todos estos creadores fueron los pioneros de una pintura nueva, exuberante, que ofrecía una visión despiadada de la realidad de su tiempo, constituyendo entonces para el público un auténtico revulsivo. Los neoexpresionistas, o «nuevos salvajes», como se les ha llamado también, se limitaron a retomar aquella visión dramática y existencial de la vida del hombre, sin añadir a su lenguaje grandes novedades. Sin embargo, y como explica uno de sus principales mentores, Christos M. Joachimides, en el catálogo de la muestra «Origen y visión», organizada en España por el Ministerio de Cultura y «la Caixa» el año 1984, «estos pintores determinaron el modelo de una visión del arte estrechamente relacionada con las fuentes de la tradición cultural alemana: un sentimiento del mundo, marcado por el romanticismo y por una visión del entorno, estática y expresiva».

Georg Baselitz se ha hecho famoso pintando personajes al revés, es decir, cabeza abajo. El mismo artista justificó esta opción diciendo que «cuando uno deja de chuparse el dedo y de inventarse temas, y quiere seguir pintando a pesar de todo, la posibilidad más fácil es invertir los temas. La jerarquía, según la cual el cielo está arriba y la tierra abajo, no deja de ser una convención a la que todos estamos acostumbrados, aunque no es absolutamente necesario creerla». Sus cuadros, realizados con pinceladas gruesas y agresivas, tienen ese aspecto desaliñado y voluntariamente descuidado que caracterizará buena parte de la producción de estos «nuevos salvajes».

Lo mismo podríamos decir de AR Penck, que se dio a conocer por una mitología personal e insólita, basada en una caligrafía primitiva de formas simplificadas, semejante a los jeroglíficos egipcios. Pero la figura más poderosa del arte alemán de los años ochenta es sin duda la del pintor Anselm Kiefer, con sus inmensos cuadros cargados de plomo, de paja o de materia lacerada, en los que ofrece visiones alucinantes y apocalípticas de los grandes temas del universo humano. Cuando el MOMA de Nueva York le dedicó en 1988 una importante retrospectiva, Robert Hughes reconoció en la revista *Time* que era «el mejor pintor de su generación», y el veterano crítico John Russell aseguró en el *New York Times* que Kiefer «era el artista europeo más importante de los últimos veinticinco años». Mientras tanto, algunos detractores —pocos— le han reprochado «regodearse con las heridas y los recuerdos dolorosos de la historia de Alemania y con los mitos y las leyendas de la decadencia humana».

El éxito comercial de estos artistas, procedentes en su mayoría de Berlín o de Düsseldorf, significó una importante recuperación de la identidad del arte alemán, iniciada por Joseph Beuys. Su proyección internacional se vio respaldada desde sus inicios por una serie de importantes muestras, que a principios de los años ochenta apoyaron claramente el retorno a la pintura. En enero de 1981 la Royal Academy of Arts de Londres organizó la colectiva «A new Spirit in painting», que ofrecía un panorama de la «nueva pintura» que estaba a punto de triunfar, y durante el verano de ese mismo año tuvo lugar en Alemania la «Westkunst» de Colonia, una manifestación de gran envergadura que reunió un millar de obras de doscientos cincuenta artistas, presentando un amplio panorama del arte occidental realizado entre 1939 y 1980. Dirigida por el especialista alemán Kasper Koenig, esta muestra antológica contribuyó de forma decisiva a modificar las relaciones entre el arte, las instituciones, el público y el mercado. La sección «Heute» (Hoy), integrada por obras de treinta y siete jóvenes creadores, sirvió de plataforma a artistas como Kiefer, Julian Schnabel, David Salle, Sandro Chia y Enzo Cucchi, entre otros, que encontraron allí un contexto favorable a su puesta en órbita para convertirse en las estrellas de la década de los ochenta. En 1982, es decir, un año después, tuvo lugar la Documenta 7 de Kassel que, bajo la batuta de Rudi Fuchs, no hizo sino corroborar y apoyar claramente el renacimiento de la pintura, con la participación de los neoexpresionistas, los artistas de la transvanguardia, los neo-fauves y otros adeptos de la llamada *bad painting* (pintura mala).

Entre los artistas invitados estaba el jovencísimo Miquel Barceló (Felanitx, 1957), que hacía su entrada en la escena internacional con sus cuadros llenos de perros salvajes y animales antropomórficos pintados con colores chillones de una manera voluntariamente desaliñada y agresiva. Cuadros como *Mapa de carn* (1982) —ahora perteneciente a la Colección de la Fundació «la Caixa» en Barcelona— o *Brega de cans* (1981) sintetizan el carácter primitivo de su primera etapa pictórica. Aunque había pasado por un breve período conceptual, Barceló venía del mundo del rock y del cómic, es decir, de esa cultura popular que muchos jóvenes pintores de su generación plasmaron en una figuración colorista y bastante desenfadada, puesta de moda a principios de los ochenta. «Pertenezco a una generación que, por el momento, ha producido pocos poetas, pocos pintores, muchos guitarristas pop y, sobre todo, muchísimos yonquis», dijo entonces el artista mallorquín.

Miquel Barceló se interesó muy pronto por los géneros más tradicionales de la pintura, naturalezas muertas, interiores del taller y desnudos, que retrató en telas inmensas e impactantes con gran derroche de materia y pigmento. No dudó en mezclar elementos orgánicos con auténticos remolinos de pintura, cuyos excesos ejercieron una fascinación inaudita. «¡Ha nacido un nuevo genio de la pintura!», decían algunos críticos. La verdad es que después de su participación en la Documenta 7 la escalada del mallorquín fue absolutamente vertiginosa. Su obra despertó enseguida el interés de los galeristas más afamados del momento, que le invitaron a exponer: Lucio Amelio en Nápoles (1983), Yvon Lambert en París (1983), Bruno Bischofberger en Zurich (1984), Rudolf Zwirner en Colonia (1985) y Leo Castelli en Nueva York a partir de 1986. Barceló fue realmente el «símbolo de una década», porque para el público, y también para muchos artistas de su generación, encarnaba el mito del pintor joven que triunfa rápidamente, adulado por todos los medios de comunicación, y cuyas obras alcanzan en poco tiempo cotizaciones exorbitantes. Algunos críticos —en realidad muy pocos— se indignaron de tanto éxito «fácil» y aseguraron que era «un *bluff*», fruto exclusivo de la especulación del mercado del arte. Otros reconocieron que en cada generación aparece siempre un artista que consigue destacar y que a Barceló «le había tocado». Pero la realidad no es exactamente así, porque veinte años después el artista continúa manteniendo su prestigio, aunque en su carrera haya habido algunos altibajos y ciertas obras suyas fueron sobrevaloradas. Barceló tiene vena de pintor, y eso no se le puede negar. Los cuadros de mediados de los ochenta, como *Le début du film* (1985) y *Louvre (noir et blanc)* (1985), o la serie de los libros y las bibliotecas, como la inmensa tela *Ink* (1985), tienen una gran fuerza expresiva que recuerda en algunos aspectos el universo de Anselm Kiefer, por su gusto por la materia y por el carácter dramático de la *mise en scène*.

Vendría luego la serie de las «sopas», los «cráteres» y los «agujeros negros», como *Memorial Soup* (1987), donde el torbellino de la materia configura extrañas espirales que se hunden en el espesor de la pintura. Pero el cambio más notable estará en las telas realizadas a su regreso de Mali, un país donde el pintor pasa largas temporadas para «olvidarse de los tinglados de París y Nueva York», según su propia definición, y para perseguir la leyenda del artista, que desea reencontrarse en un contexto mucho más primitivo. «Antes de África, mis cuadros eran una observación cultural sobre otros pintores, cines, museos, el barroco y el manierismo ... Estar en África me sirvió para pintar en situaciones extremas, cosas extremas; era la manera de ver y fijarte en la más mínima sombra, despojar la pintura de cualquier situación o trampa», explicó el artista en una entrevista a *El País* en el año 1990.

Fruto de esta experiencia son las grandes telas luminosas pintadas en 1989; unas obras casi abstractas, de color blanco o gris azulado, en las que emerge de la superficie pictórica el simple esbozo de alguna fruta o de una piedra. Pero Barceló no pudo resistirse mucho tiempo a la fascinación por la materia y en 1991 volvió a realizar cuadros cargados de pintura, relieves y collages. Las obras que presentó en la galería Soledad Lorenzo de Madrid en 1992, inspiradas en recuerdos de África y en el tema de la tauromaquia, no fueron su mejor cosecha, aunque entonces pocos críticos se atrevieron a reconocerlo en voz alta. Únicamente Marcos Ricardo Barnatan en un lúcido artículo publicado en el *Magazine* de *El Mundo* advirtió que «un excelente pintor como Miquel Barceló no podía permitirse a una edad tan temprana dar un traspié como éste», y añadía que «sus últimas pinturas, vendidas todas por adelantado, resultan francamente decepcionantes». El crítico señalaba en su texto que «las llamadas "Memorias de África", que son también la exaltación de la piel de toro, pretenden provocar con imágenes repugnantes de animales descuartizados, recurriendo a algunos de los más manidos tópicos nacionales».

El problema con artistas tan encumbrados como Miquel Barceló es que, hagan lo que hagan, todo tiene valor, y especialmente un valor mercantil. Muchos creadores de su generación fueron sometidos a una gran presión por parte del mercado, obligándoles con frecuencia a producir a un ritmo casi frenético, con resultados evidentemente desiguales. Existe por supuesto una responsabilidad del propio artista, porque si desea mantener su independencia no puede aceptar tantos compromisos para exponer; pero al mismo tiempo incumbe también a los galeristas y a los conservadores de museos actuar con criterio y no darlo todo por bueno, por mucha fama que tenga el artista. Habría que evitar errores como la adquisición para la colección del Museu d'Art Contemporani de Barcelona de un cuadro tan aparatoso y de un contenido bastante superficial como *Ball de la carn*, de 1994. Se trata de un inmenso collage de siete metros de largo, lleno de hojas de col, trozos de sandía y otras hortalizas; una suerte de bodegón en descomposición, que no aporta nada nuevo a su trayectoria y que, por lo tanto, no deja de ser una obra más bien anecdótica. El cuadro fue incluido en la retrospectiva de las obras de Barceló organizada por el museo barcelonés en 1997, donde precisamente pudimos ver algunas de sus pinturas más logradas, en especial las de la segunda mitad de la década de los ochenta.

La sobrevaloración de las obras de arte contemporáneo es uno de los fenómenos que más se han acentuado a lo largo de la década de los años ochenta, debido a la euforia del mercado. Hemos visto así a algunos jóvenes creadores, sin demasiada imaginación ni talento, convertidos de un día para otro en grandes estrellas del arte internacional. Los ejemplos abundan pero hay algunos casos que son paradigmáticos, como el del neoyorquino Julian Schnabel (1951), que se impuso en la escena norteamericana como el héroe de la vuelta a la pintura a finales de los años setenta, cuando imperaba todavía la moda del arte conceptual. No se sabe muy bien cómo ha sido, pero su carrera ha resultado bastante espectacular, porque rápidamente sus obras lograron una difusión a escala internacional, con exposiciones en los museos más importantes de Europa y Estados Unidos. Schnabel, que se ganaba la vida como cocinero, empezó a llamar la atención en 1979 con una serie de cuadros realizados con fragmentos de cerámica y platos rotos, que de hecho ha sido su única especialidad. El año anterior, había viajado a Barcelona, donde le habían impactado las obras de Gaudí y el uso exuberante del *trencadís* en el parque Güell. Observados de cerca, los cuadros de Schnabel son una suerte de mosaico y vistos desde lejos parecen pinturas expresionistas de un cromatismo bastante violento y poca cosa más.

Fue la galerista neoyorquina Mary Boone la que descubrió a Schnabel, dedicándole una exposición el año 1979. Anthony Haden-Guest recuerda en su libro *Al natural* que sólo había cuatro cuadros y ninguna pintura con platos, porque Boone no quería para esta primera muestra que la gente considerase a Schnabel «como una especie de fabricante de fetiches». El espabilado Leo Castelli no tardó mucho en interesarse también por el joven artista tan «novedoso» y ambos galeristas se pusieron de acuerdo para convertirle en una estrella. «En 1980, la incertidumbre acerca del gusto del nuevo mercado era total, y si alguien se levantaba para afirmar a voz en cuello y repetir hasta la saciedad que él era un genio, había una posibilidad de que se lo creyeran. Ésta fue la estrategia de Schnabel y de sus primeros marchantes ... Todo el mundo quería un genio, y con Schnabel nuestra época de insegura autocongratulación e insaciable vulgaridad tuvo el genio que se merecía», escribió Robert Hughes en *The New Republic* el año 1987.

Además de los cuadros de platos rotos, Schnabel se ha distinguido por la realización de obras monumentales, en las que utiliza todo tipo de materiales y soportes, tales como el cuero de caballo, el terciopelo decadente, la madera bruta o unas viejas lonas de camión. Construye composiciones medio abstractas, con pinceladas gruesas y torpes, en las que aparecen collages de objetos heteróclitos. De vez en cuando, el artista neoyorquino escribe algunas inscripciones, como «Monja de calle con buen ojo y jamón», «Monjas al ajillo» y «La Macule», que en muchos casos corresponden a los títulos de las obras o a sus preferencias culinarias.

En muchas de sus pinturas introduce con frecuencia alusiones a cantantes o actrices, como la Callas o Jane Birkin, o bien a figuras religiosas, como Cristo, Buda o santa Verónica, unas referencias que aparecen sin ningún tipo de jerarquía. Como señaló Geneviève Breerette en un artículo de *Le Monde* en 1984, Schnabel «tiene esa enorme capacidad de hacer tragar y digerir a la pintura absolutamente todo y cualquier cosa». Resulta difícil conmoverse ante una tela de Schnabel, porque, más allá de la presencia física del cuadro y de los objetos que lo componen, no existe un mensaje, una carga simbólica o alguna innovación formal. Robert Hughes aseguró en un artículo en la revista *Time* de junio de 1985 que Schnabel «nunca había aprendido a dibujar» y además calificó de «disparatada, la megalomanía estúpida de su imaginería, a la vez *kitsch* y expresionista». Una opinión que irritó sobremanera al artista a pesar de su continuado éxito comercial. En 1995, cuando yo misma le recordé el comentario del prestigioso crítico, en el curso de una entrevista publicada en *El Mundo*, Schnabel perdió de repente su buen humor y contestó con cierta vehemencia: «Eso es porque Robert Hughes está enfermo y entonces revierte toda su bilis en sus artículos. Yo, en cambio, me siento muy bien y soy muy feliz». ¿Y quién no, añadimos nosotros, cuando ingresa miles de dólares por cada cuadro vendido y tiene sus obras colgadas en algunas de las galerías más poderosas del mundo, como la Pace Gallery de Nueva York y las Waddington Galleries de Londres?

La proyección internacional de su obra fue tan espectacular como fulgurante, gracias a la entente entre galeristas y algunos directores de museos. En 1986 la Whitechapel Art Gallery de Londres le dedicó a Schnabel una primera retrospectiva, que viajó luego a París, Düsseldorf, Nueva York, San Francisco y Houston. Entre 1989 y 1990 otra gran muestra de su obra se presentó en

Nîmes, Munich, Bruselas, Edimburgo y Chicago. Esta gira hizo subir considerablemente la cotización de sus cuadros. En 1992, en plena crisis del mercado, un retrato suyo cubierto con platos rotos alcanzó en una subasta en Nueva York los 93.500 dólares. En España, el Museo Nacional Centro de Arte Reina Sofía acogió en 1993 una exposición de su trabajo, para la cual Schnabel realizó la serie de cuatro grandes pinturas sobre terciopelo, *Los patos del Buen Retiro*, que pertenecen a la colección del centro, y en Barcelona la Fundació Joan Miró le dedicó una antológica el año 1995.

La carrera de Julian Schnabel es bastante representativa del *boom* del arte contemporáneo que se vivió en los años ochenta gracias al resurgir de la pintura y a la promoción bien orquestada de los marchantes y galeristas.

Jean-Michel Basquiat (1960-1988) es otro ejemplo emblemático de este fenómeno, un joven pintor de *graffitis* que se movió en la órbita de Andy Warhol (como Julian Schnabel) y que alcanzó en su rápida y corta carrera la cima de la fama. La desaparición brutal de este artista fallecido por sobredosis a los veintiocho años, mientras se encontraba en plena gloria, contribuyó a convertirle en un mito y a incrementar de manera espectacular la cotización de su obra. Una historia que el propio Schnabel contó en una película rodada en 1995.

Hijo de madre puertorriqueña y de padre haitiano, Jean-Michel Basquiat pertenecía a una familia de la clase media alta, y había frecuentado una escuela privada. Muy pronto empezó a dibujar postales que vendía por las calles y a pintar *graffitis* en el metro y en las paredes del bajo Manhattan, que firmaba SAMO, abreviatura de Same Old Shit (La misma mierda de siempre). En sus pinturas murales, que tienen la agresividad del rap, Basquiat multiplica las alusiones a las imágenes inspiradas en los *media* y en los cómics, que leía en su infancia. Rápidamente las galerías del Soho neoyorquino recuperaron al nuevo «niño prodigio y su arte de la calle». Seleccionado en la Documenta 7 de Kassel de 1982, Basquiat fue solicitado enseguida por galeristas como Mary Boone y Bruno Bischofberger, que se encargarían de su proyección internacional. De un día para otro, Jean-Michel Basquiat pasó a ser aclamado como una estrella del rock, que frecuentaba los lugares de moda y cautivaba a un público ávido de novedades. Algunos llegaron a llamarle incluso el «*black* Picasso». En sus telas, Basquiat mantiene la agresividad y el carácter primitivo de sus *graffitis*; dibuja personajes y figuras con un trazo casi infantil, o bien utiliza pinceladas violentas, que acercan su lenguaje al del art brut. Decía él que era un artista influenciado por el mundo neoyorquino, pero que se sentía heredero de la cultura del África negra, aunque no había viajado nunca a aquel continente. Algunos de sus cuadros, como el conocido *Selfportrait* (Autorretrato) de 1986 y la gran pintura collage *El rey de los zulús* (1984-1985), tienen la fuerza primigenia del arte africano, mientras otras de sus obras resultan más simplistas y cercanas a ese mundo de la infancia al que tanto le gustaba volver.

La principal aportación de Jean Michel Basquiat y la de sus colegas Keith Haring (1958-1990) y Kenny Scharf (1958) ha sido la de llevar la estética del *graffiti* suburbano al mundo exclusivo de las galerías más chics de Nueva York, siempre tan ansiosas de novedad. Todos ellos se inspiraron en la cultura popular de los grandes medios de comunicación de masas. Heredero directo del pop art, Kenny Scharf ha creado objetos y cuadros de colores chillones, en los que ha pintado de una manera casi compulsiva figuras procedentes de tiras de cómics o de la realidad *kitsch* y banal de la sociedad de consumo.

Por su parte, Keith Haring se convirtió en un artista muy popular, que conquistó en un tiempo récord un público internacional mediante sus murales, sus telas y sus objetos cubiertos de signos simbólicos o dibujos laberínticos, que a menudo recuerdan las figuras del cómic o el arte de los aztecas o el de los aborígenes australianos. Como en el caso de Basquiat, su muerte prematura a los treinta y dos años a causa del sida, que el artista tuvo el valor de combatir públicamente en sus últimas obras, le convirtieron en un mártir, lo cual no hizo sino reforzar su éxito comercial y su fama estelar.

En un momento dado el *graffiti* se convirtió en una nueva etiqueta con la que el mercado podía lanzar su última moda, dentro del retorno a la pintura. Era un lenguaje fácil, llamativo y muy alejado de cualquier pretensión intelectual. El triunfo de estos artistas se debe en gran parte a la evolución del mercado, que gracias a la efervescencia económica de los años ochenta encontró nuevos coleccionistas. En 1987 Robert Hughes recordaba en un artículo en *The New Republic*:

> ... la demanda de un arte contemporáneo excitante, actual y nuevo se disparó hasta las nubes. De pronto, decenas, y después centenares de los muy nuevos ricos (promotores, productores de televisión, agentes, publicistas, y todo tipo de gente importante, cuyo desconocimiento en materia cultural sólo era comparable a su vanidad profesional) decidieron que, al ser el Ahora Lo Somos Todo, se convertirían también en «grandes» coleccionistas de arte.

Aquélla fue una época absolutamente vertiginosa. La del dinero fácil y de los *golden boys* de las finanzas, cuyos éxitos fulgurantes y su posterior decadencia serían descritos con una gran ironía llena de lucidez por Tom Wolfe en su novela *La hoguera de las vanidades*. El mundo del arte de Nueva York quería seguir teniendo la hegemonía del mercado, en un momento en el que Europa con la pujanza de los neoexpresionistas alemanes y los italianos de la transvanguardia estuvo a punto de arrebatársela.

Junto a los *graffiteros*, creadores de una moda pasajera, las galerías neoyorquinas no quisieron desaprovechar el resurgir de la pintura y promovieron a una serie de pintores jóvenes adscritos a diferentes estilos, que en realidad no ofrecían grandes novedades, aparte de su juventud. Algunos de ellos participaron en la muestra «Tendencias en Nueva York», presentada en Madrid y en Barcelona en 1983 y en París el año 1984. Era una selección bastante representativa de lo que se cocía entonces en la ciudad de los rascacielos. Allí estaban, por supuesto, las obras de Schnabel, Basquiat, Haring y Scharf. Pero se podía descubrir también la figuración de Eric Fischel (1948), que retrata de una forma bastante convencional y con cierta torpeza la clase media americana, con sus fantasmas eróticos y sus miserias sexuales. Algo más interesantes resultaban los cuadros de David Salle (1952), que se limita a jugar con las transparencias y la manipulación de imágenes a menudo inconexas para crear realidades ficticias. Pero incluso se podían encontrar en esta muestra artistas afines a la abstracción, como Susan Rothenberg (1945), una pintora algo más veterana que sus colegas, autora de cuadros cercanos al expresionismo abstracto.

Lo que ponía de manifiesto la exposición era el eclecticismo de todas las obras, una característica que prácticamente se convertiría en la única «tendencia», no sólo del período que nos ocupa, sino también de la década de los noventa. En su conjunto eran pinturas en las que los artistas parecen sólo interesados en llenar la tela, sin preocuparse demasiado ni por la composición ni por el dibujo, ni tampoco por plantear una reflexión profunda sobre el acto de pintar. Trabajos en definitiva tan superficiales como la época y el contexto en los que se habían desarrollado. Es evidente que, frente al impacto y a la fuerza dramática de los cuadros del alemán Anselm Kiefer, esta joven generación norteamericana tenía poco que decir. La mayoría de las obras ofrecían además imágenes que intentaban mezclar la *high culture* y la *low culture* (la alta y la baja cultura), en un proceso de banalización que se había iniciado con el pop art y que ganaría terreno en años posteriores.

La afición por lo que se llamó la *bad painting* se extendió como la pólvora por América y Europa a principios de los ochenta. En Francia se lanzó a bombo y platillo la Figuration libre representada por jóvenes pintores como Robert Combas (1957), Hervé Di Rosa (1959) y François Boisrond (1959) que, ignorando los últimos avatares de la vanguardia, despreciaban olímpicamente la historia del arte. Como sus colegas norteamericanos, se sentían «libres» de sacar su inspiración de los *graffitis*, los cómics, las series televisivas o las películas de serie B. Su especialidad era pintar con un ritmo trepidante telas llenas de colores exacerbados, que evocan escenas disparatadas, grotescas y hasta obscenas. En realidad no tenían ni la vehemencia acusada de los alemanes ni la ligereza jubilosa de los italianos. Pero entonces no importaba aquello, porque el mercado estaba preparado para digerirlo todo. Para poner las cosas en su sitio, veinte años después, muchas de estas obras no son más que el testimonio de aquella «embriaguez pasajera» que suscitó el arte contemporáneo.

En España, al margen del fenómeno Barceló, que ya hemos comentado, hubo también artistas que se apuntaron, como no podía ser menos, a la moda de los *nouveaux fauves* o nuevos salvajes. Aunque todavía no habíamos entrado en la era del internet, no hay que olvidar que la información artística circulaba deprisa a través de revistas, artículos de prensa, catálogos y exposiciones.

Un ejemplo bastante paradigmático sería el del pintor mallorquín Ferran García Sevilla, que en la década de los ochenta desarrolló una carrera meteórica, produciendo cuadros a velocidad de vértigo y cambiando de estilo cada nueva temporada, para estar a la última del mercado internacional. Nacido en Palma de Mallorca en 1949, se interesó en la década de los setenta por el arte conceptual, el body art y la performance. Poco después empezó a llamar la atención con cuadros abstractos, en los que unía la influencia del informalismo con algunas características del movimiento Supports/Surfaces. A partir de 1980 García Sevilla cambió radicalmente de orientación estética y se apuntó a la moda del neoexpresionismo. Se dedicó entonces a cultivar el primitivismo, llenando sus telas con toda clase de imágenes y símbolos, sin establecer ninguna jerarquía y sin tener ninguna propuesta intelectual que sustentara su lenguaje pictórico. Esto es especialmente visible, por poner un ejemplo, en la serie de sesenta pinturas titulada *Deus* (1981), que pertenece a la colección del Museu d'Art Contemporani de Barcelona y que no es más que una acumulación de signos primitivos sin más trascendencia.

Atento a lo que ocurría en las galerías del Soho neoyorquino, García Sevilla no tardó en introducir *graffitis* en sus cuadros a la manera de Jean-Michel Basquiat o a escribir frases inconexas y algunos exabruptos del estilo «el artista es calvo y tiene el rabo pelado, por lo que no tiene un pelo de tonto», que aparece en la tela *Tata 13* de 1984. Después de practicar una figuración voluntariamente torpe y desenfadada, García Sevilla se apuntó a la nueva moda del neo-geo que apareció en la segunda mitad de los años ochenta y que marcaba un retorno a una pintura más fría y abstracta.

Habrá que reconocer que, si García Sevilla no ha sorprendido a nadie por sus dotes de pintor, tenía sin embargo un talento especial para utilizar a su favor las estrategias del mercado del arte. Es evidente que, en la vorágine de los años ochenta, conocer los entresijos del marketing era para los artistas más importante que saber dibujar o tener ideas propias. En el caso de García Sevilla quedaría más que probado, porque en un lapso de tiempo muy breve su pintura conoció, tanto en España como en el extranjero, un extraordinario éxito comercial, siendo incluida en grandes manifestaciones internacionales. En 1986 representó a España en la Bienal de Venecia y en 1987 estuvo invitado a participar en la Documenta 8 de Kassel. Como colofón a esta carrera fulgurante, consiguió que el Ayuntamiento de Barcelona y el Departamento de Cultura de la Generalitat se pusieran de acuerdo —algo realmente prodigioso— para organizarle en el año 1989 una gran retrospectiva de su pintura con la edición de un catálogo monumental que recopilaba nada menos que trescientas treinta obras de los años 1980 a 1988. Pintor prolífico por excelencia, García Sevilla se había convertido en el artista de moda, pero aquello no fue más que un castillo de fuegos artificiales. La crisis del mercado de los años noventa, unida a la crisis de su propia creatividad, hizo bajar la cotización de sus obras, disminuyendo notablemente el interés de los coleccionistas.

Es curioso observar que, en el panorama del arte español de los ochenta, caracterizado también por el resurgir de la pintura, artistas mucho más dotados que García Sevilla, como Guillermo Pérez Villalta (1948), Juan Manuel Broto (1949) y Luis Gordillo (1934) —un pintor que además ya tenía a sus espaldas una sólida trayectoria— no hayan llamado la atención a nivel internacional como ocurrió en el caso de García Sevilla. ¿Fue tal vez porque eran más «pintores» que «estrategas» del marketing? De todas maneras, es también cierto que estos artistas y otros como José María Sicilia (1955) y Miguel Ángel Campano (1948), que iniciaban entonces su carrera, se beneficiaron de la euforia del mercado y de la coyuntura especialmente favorable a la pintura tanto figurativa como abstracta.

El poder del mercado del arte alcanzó en esta década cuotas hasta entonces absolutamente inéditas. Fue un fenómeno que afectó tanto al arte del pasado (impresionismo y primeras vanguardias) como al arte contemporáneo más reciente. Nunca la especulación pasó a ser tan descarada ni las obras tan sobrevaloradas. Al mismo tiempo hemos podido ver cómo jóvenes artistas se convirtieron de un día para otro en estrellas internacionales gracias a un sistema comercial cada vez más parecido al *show business*.

Con la llegada del pop art en la década de los años sesenta, el arte comenzó a ser considerado como una mera mercancía. Pero con el incremento de la especulación en los ochenta, es el propio mercado del arte el que se convierte en una auténtica industria. Se comercia ahora con la pintura como con el cacao o el azúcar. Las casas de subastas han experimentado una auténtica revolución y han acabado sirviendo también de escaparate a los artistas vivos, algo que empezó a preocupar a los galeristas. Este cambio se remonta al año 1973, cuando Sotheby's decidió realizar subastas centradas de forma exclusiva en artistas «contemporáneos», es decir, en creadores que habían desarrollado su carrera después de la Segunda Guerra Mundial. Hasta entonces las casas de subastas sólo incluían de forma esporádica algunas piezas de determinados autores mezcladas con obras de maestros del pasado.

La efervescencia de las subastas empezó a manifestarse a partir de 1984, cuando obras de artistas como Frank Stella, David Hockney y Willem de Kooning sorprendieron por sus cotizaciones desorbitadas. El 1 de noviembre de 1984 Christie's de Nueva York adjudicó el cuadro semifigurativo titulado *Dos mujeres*, de Willem de Kooning (1904-1997), por 1.980.000 dólares, un precio ligeramente superior al que alcanzó en 1981 el espléndido cuadro de Nicolas Poussin (1594-1665) *La huida a Egipto*. No sólo la tela de De Kooning se había convertido entonces en la obra de arte contemporánea más cara del mundo —que luego sería rápidamente desbancada por otras ventas récord de todos conocidas—, pero era la primera vez que un cuadro de un pintor vivo se cotizaba más que el de un maestro antiguo. Para los especialistas del mercado del arte, lo que acababa de ocurrir con el lienzo de De Kooning era «una revolución cultural», porque el arte del presente, ya fuera bueno o malo, había adquirido el mismo peso económico que el del pasado.

Hasta el año 1990, la escalada de los precios sería imparable. En 1987 parecía que el mercado había enloquecido con la subasta de dos cuadros de Van Gogh que dejaron al público absolutamente atónito. El 30 de marzo la compañía de seguros Yasuda Fire and

Marine de Tokio compró en la sala Christie's de Londres *Los gira-soles* (1889) por 39,9 millones de dólares. Ocho meses después, el magnate australiano de la cerveza, Alan Bond, adquiría en Christie's de Nueva York, por 54,9 millones de dólares, el cuadro *Los lirios* (1889), también de Van Gogh. Con esta venta, la obra del holandés pasaba a convertirse en la pintura más cara del mundo. Pero aún no se había tocado techo. En 1990, otro cuadro de Van Gogh, *El retrato del doctor Gachet* (1890), propiedad del banquero neoyorquino Siegfried Kramarsky, fue vendido por 82,5 millones de dólares... A título comparativo, hay que recordar que el año anterior el retrato del duque Cosme I de Medici pintado en 1529 por el gran artista del renacimiento florentino Pontormo no «había pasado» de los 35,2 millones de dólares.

Las obras de Pablo Picasso (1882-1973), especialmente las que realizó entre 1901 y 1906, antes de su etapa cubista, tampoco se quedaron atrás y su valor experimentó durante esta década un crecimiento espectacular. En 1989 tres de sus cuadros alcanzaron cotizaciones extraordinarias: *Au lapin agil* se vendió por 20,6 millones de dólares; *Yo, Picasso*, por 47,8 millones de dólares, y *Les noces de Pierrette* fue subastado en París por 300 millones de francos (51,8 millones de dólares).

En el ámbito del arte contemporáneo las cotizaciones subieron también como la espuma. En 1988 el cuadro pop *False start*, pintado en 1959 por Jasper Johns, alcanzó los 17,7 millones de dólares. Nunca se había pagado tanto por la obra de un artista vivo. Un año después, en 1989, Jasper Johns caía destronado por un cuadro de De Kooning, *Interchanges*, de 1955, que fue adjudicado al coleccionista japonés Shigeki Kameyama por 20,6 millones de dólares. La tela, una composición bastante emblemática del expresionismo abstracto, había pertenecido al arquitecto Edgar Kauffmann, que lo había adquirido en 1955 por cuatro mil dólares.

Durante aquellos años, el eco mediático de las grandes subastas ocupó la portada de los periódicos, y las noticias del mercado del arte pasaron de la sección de cultura a la de economía. En noviembre de 1989 la revista *Time* dedicó al tema su portada y un dossier de doce páginas titulado «Art and Money. Who's winning and who's losing as prices go through the roof» (Arte y dinero.

¿Quién gana y quién pierde mientras los precios tocan techo?), en el que se denunciaba la especulación sin límite y las consecuencias sobre los museos, cuyos presupuestos no permitían ni de lejos pagar tales sumas de dinero para la ampliación de sus colecciones.

Es cierto que el arte ha estado siempre relacionado con el dinero; una pintura o una escultura han tenido siempre un valor económico, aunque a menudo esto no coincida con su valor estético. A fin de cuentas, es normal que cuando un aficionado o un coleccionista adquiere una obra de arte que le interesa, piense además en realizar una buena inversión a largo plazo. El problema es que en los años ochenta se esperaba del arte una rentabilidad inmediata, convirtiéndolo en un mero producto financiero. Muchos supieron aprovechar la coyuntura para enriquecerse rápidamente. Los banqueros y las grandes empresas descubrieron entonces que el arte podía ser una buena inversión. En París, Londres y Nueva York se abrieron oficinas de *consulting* para orientar a los nuevos coleccionistas, mucho más sensibles al provecho económico que a los misterios de la creación artística. La especulación se aceleró de manera desenfrenada, mediante la sucesión de compras y reventas de una misma obra, hasta distorsionar su cotización.

Con cierta frecuencia se volvía a vender una obra recién adquirida, sin haberla pagado del todo o incluso sin haber pagado nada en absoluto, simplemente con la ayuda de un préstamo. El principio es sencillo. Por poner un ejemplo, uno adquiere una pintura por cien mil dólares en una subasta pública. Paga entonces sólo el 20 por ciento del importe con un crédito bancario, y algunas semanas más tarde vuelve a vender la obra por ciento cincuenta mil dólares. Después de reembolsar el préstamo y de pagar las comisiones y los ochenta mil dólares restantes de la primera transacción, le quedan al espabilado especulador unos treinta y nueve mil dólares de beneficio... Las propias casas de subastas Christie's y Sotheby's contribuyeron a este fenómeno, proponiendo incluso a sus clientes sistemas de créditos y de préstamos.

El periodista e historiador del arte Yves Michaud reconocía en una entrevista publicada por la revista *L'événement du jeudi* en octubre de 1990 que «el mercado había sido víctima de maniobras puramente fraudulentas. Se hicieron falsas ventas de obras adquiridas supuestamente por sumas considerables, pero que en realidad no habían sido compradas por nadie». Se llegó a hinchar así, de forma peligrosa y artificial, el precio de muchas obras mediocres, que años después difícilmente podrían volver a venderse por el mismo valor.

Nunca hasta entonces el mercado del arte había conocido una evolución tan frenética, y la crisis que estallaría a finales de 1990 fue como un jarro de agua fría para los especuladores, sirviendo al mismo tiempo para que las aguas turbulentas volvieran a su cauce. Los coleccionistas auténticos, aquellos *connaisseurs* que se habían visto marginados por no poder pagar los precios astronómicos de las obras, iban a reencontrarse con las galerías y con un mercado bastante más equilibrado.

La década de los ochenta pasó a ser la década de los excesos. La moda del arte lo había legitimado todo o casi todo: desde los *graffitis* más burdos hasta la *bad painting*, pasando por el diseño que entró por la puerta grande en los museos, no ya en los de Artes Decorativas sino en los de Arte Contemporáneo con mayúsculas. Todo ello, con la bendición de manifestaciones como la Documenta de Kassel, que en su edición de 1987 había presentado sillas de Philippe Starck, taburetes de Javier Mariscal y estanterías de Óscar Tusquets. La realidad del caso es que estos objetos funcionales no desentonaban demasiado, incluso casi se les podía confundir con las esculturas de formica y falsa madera del norteamericano Richard Artschwager (1924) o las del belga Jan Vercruysse (1948), dos artistas representados ampliamente en los museos y que han tenido para nuestra desgracia numerosos imitadores.

Es cierto que el MOMA de Nueva York había sido un pionero al crear algunos años antes una sección de diseño, pero su presencia en una manifestación centrada en las artes plásticas como Documenta no era más que el signo de los tiempos. La inauguración en 1977 del Centre Nacional d'Art et de Culture Georges Pompidou de París, caracterizado por su vocación pluridisciplinaria, marcó un hito en la metamorfosis de los museos de arte contemporáneo. Con su atrevida arquitectura *high tech*, obra de Renzo Piano y Richard Rogers, el Centre Pompidou, conocido también como el Centre Beaubourg, era una nueva forma de entender la creación contemporánea y su difusión. Aquí el museo es sólo uno de los ámbitos dentro de un gran complejo cultural, que incluye las artes plásticas, el teatro, el vídeo, el cine, la música experimental con un instituto de investigación acústica (el IRCAM), dos bibliotecas, los talleres para niños y un departamento de creación industrial. Con su política de grandes exposiciones internacionales, unida a la organización de actividades dirigidas a un público muy diversificado, el nuevo buque insignia de la cultura francesa ha cosechado desde sus inicios un éxito arrollador, que se ha querido imitar en todo el mundo. En los años ochenta, cuando se despertó la fiebre por construir nuevos museos, todas las capitales querían tener su *beaubourg*. Algunos sin embargo han criticado el modelo del Centre Pompidou, porque consideran que contribuyó a hacer del arte un mero espectáculo de masas y que la frecuentación multitudinaria de los museos va en detrimento de su disfrute. El propio Umberto Eco, en una conferencia pronunciada en el Museo Guggenheim de Bilbao el año 2001, reconocía que «los museos nacieron para permitir a las masas ver las obras que se exhiben en su interior, pero todos sabemos que las masas matan a los museos».

Lo cierto es que la apertura del Centre Pompidou ha favorecido la democratización de la cultura al tiempo que ha marcado la consagración del arte contemporáneo en el ámbito de la museología. Era el síntoma de un cambio de actitud en la manera de entender la función de un museo. Ya no es sólo una institución para conservar y atesorar las obras de arte de creadores reconocidos y consolidados, sino un centro dinámico capaz de acoger la creación más reciente e incluso de anticiparse a ella, produciendo grandes instalaciones in situ de artistas todavía desconocidos.

En este sentido, el papel de los museos se ha incrementado de una manera espectacular. En la sociedad del ocio, los museos se han convertido en el lugar de peregrinaje de miles de turistas y de nuevos consumidores de la cultura, que acuden a estas «catedrales laicas» para descubrir las últimas tendencias de la creación artística, para ver películas que no se difunden en los circuitos comerciales, escuchar música experimental y, por qué no decirlo, para comprar souvenirs en sus tiendas de *merchandising*. Visitar exposiciones es una actividad que se ha puesto de moda y, como consecuencia de ello, los museos deben adaptarse a este nuevo fenómeno social.

A partir de los ochenta el mundo de la museografía cambiaría radicalmente. Las veteranas pinacotecas como la National Gallery de Washington, el Louvre de París y la National Gallery de Londres han sido objeto de ampliaciones bastante espectaculares. Al mismo tiempo, se empiezan a construir nuevos museos en América y Europa dedicados especialmente al arte contemporáneo, que serán objeto de una atención cada vez mayor incluso por parte de los políticos. Los gobernantes, convencidos de que los museos constituyen un excelente escaparate de su política cultural, invierten sumas astronómicas en levantar los nuevos templos de la modernidad, que encargan a los más prestigiosos arquitectos internacionales. En algunos casos el edificio construido llega a tener tanta o más importancia que sus contenidos, como es el caso del Guggenheim de Bilbao, obra de Frank O. Gehry. Se trata de un proceso que a lo largo de las dos últimas décadas ha sido absolutamente imparable.

En España el fenómeno museístisco se inició en 1989 con la creación del Instituto Valenciano de Arte Moderno (IVAM) y el Centro Atlántico de Arte Moderno (CAAM) en Las Palmas de Gran Canaria, dos instituciones que con el tiempo han conseguido tener una identidad propia, algo que no resulta fácil cuando se parte de la nada. Un año después, el Centro Reina Sofía de Madrid, que desde mediados de los años ochenta venía presentando importantes exposiciones de arte contemporáneo, pasó a ser el Museo Nacional Centro de Arte Reina Sofía (MNCARS), recuperando como principal punto de partida la colección del desaparecido Museo Español de Arte Contemporáneo. A partir de esa fecha irían surgiendo en casi todas las autonomías españolas nuevos museos dedicados a la creación actual: en 1993 abrieron sus puertas el Centro Galego de Arte Contemporáneo (CAGC) en Santiago de Compostela y el centro Koldo Mitxelena de San Sebastián; en 1995 el Museo Extremeño e Iberoamericano de Arte Contemporáneo (MEIAC) de Badajoz; en 1996 el Museu d'Art Contemporani de Barcelona (MACBA); en 1997 el Museo Guggenheim de Bilbao; en 1998 el Centro Andaluz de Arte Contemporáneo de

Sevilla, y en 2002 el Artium de Vitoria y el Patio Herreriano Museo de Arte Contemporáneo de Valladolid. Otras ciudades, como León, Vigo y Málaga, tienen, o tendrán en breve plazo, un centro de arte contemporáneo propio. Y la cosa no se para aquí, porque en el momento de escribir estas líneas el IVAM de Valencia y el Reina Sofía están siendo objeto de una gran ampliación.

En París, veinte años después de su apertura, el Centre Pompidou, víctima de su propio éxito, tuvo que ser sometido a un *lifting* y a una importante reforma para ampliar sus espacios dedicados a su colección cada vez mayor. Su reapertura el año 2000, coincidiendo con el nuevo milenio, fue casi eclipsada por la inauguración en Londres de la monumental y espectacular Tate Modern, instalada no en un edificio de nueva planta sino en una antigua fábrica de electricidad reformada por los arquitectos suizos Jacques Herzog y Pierre de Meuron. Calificada de «grandiosa, sublime e imponente», la Tate Modern recibió en su primer año de funcionamiento seis millones de visitantes. ¿Podrá competir con ella el MOMA de Nueva York cuando finalice en 2005 su faraónica ampliación?

La transformación de los museos especializados en la creación contemporánea se debe no solamente al aumento del público, sino también a la propia evolución del arte. Los artistas se dedican cada vez más a realizar instalaciones *in situ* y environments, que requieren grandes espacios y a menudo el recurso a técnicas sofisticadas muy costosas. Al mismo tiempo los responsables de los museos cambiaron su política, comprando obras de una manera mucho más sistemática. El problema surgió cuando empezaron a constituirse numerosas colecciones «clónicas», influenciadas por las modas, en las que no podían faltar un *beuys*, un *richard long*, un *mario merz*, un *sol lewitt* o un *bolstanski*, por citar sólo determinados ejemplos. Algunos dirán que es normal que estén representados estos artistas en los museos, porque son sin duda creadores que han marcado su época, para bien o para mal. Pero lo que no resulta tan aceptable es que a menudo figuren en colecciones sin identidad propia, como un mero escaparate de las últimas tendencias. En París, en Düsseldorf, en Amsterdam o en la costa Oeste de Estados Unidos se pueden ver con demasiada frecuencia los mismos artistas que ocupan las salas de los museos, provocando un verdadero fenómeno de estandarización.

Hasta hace pocos años, el interés de la mayoría de los museos por la creación actual no era una prioridad —con excepción del MOMA, abierto en 1929—, y sólo se adquirían obras de artistas consagrados o con una trayectoria ya bastante consolidada. Para recuperar el tiempo perdido, los responsables de los museos están apostando ahora mismo por obras de creadores casi principiantes. Se trata de no repetir los errores del pasado, cuando se dejaron escapar obras que han alcanzado en la actualidad precios prohibitivos para los presupuestos de los museos.

De esta forma, a partir de los años ochenta, los museos han ejercido una poderosa influencia en la promoción del arte emergente. Hasta hace pocas décadas, el artista vivo era generalmente ignorado por los museos, y sólo interesaba a un círculo restringido de aficionados y coleccionistas. Hoy en día se ha invertido la situación y es el museo, convertido en una suerte de laboratorio experimental, el que descubre y «bendice» la obra de los jóvenes creadores, sin esperar siquiera la confirmación de su talento.

Todo esto ha tenido una enorme repercusión sobre el mercado, y no es ningún azar que la intervención de un artista en un determinado museo coincida con una importante exposición suya en una galería de la misma ciudad. En todas sus estrategias, la alianza entre crítico, galería y museo empezó así a reproducir los mecanismos del *show business*. A partir de entonces las cosas se han ido acelerando, y la promoción de «lo nuevo» tiende a prevalecer sobre cualquier otra consideración, hasta el punto de poner en entredicho el papel de la institución museística, porque ya no se dedica en exclusiva a conservar el arte del pasado, sino que fomenta la creación actual.

6

EL ESPEJISMO DE LO NUEVO

Esta evolución espectacular en favor del arte contemporáneo ha resultado muy beneficiosa para mucha gente: primero para los marchantes, segundo para numerosos artistas que han podido alcanzar una rápida promoción, y tercero para el público que, quiérase o no, ha tenido una mayor oportunidad de acercarse a la creación de su tiempo. Sin embargo, lo que más llama la atención es que este fenómeno ha ocurrido cuando el arte no está pasando precisamente por su mejor momento. Tal vez resulte chocante decir esto, porque en realidad nunca ha habido tantos artistas, ni nunca se han abierto tantas galerías, ni se han organizado tantas exposiciones, ni celebrado tantas ferias y bienales, ni se han realizado tantos negocios suculentos.

Existe como una especie de espejismo que hace pensar de una manera superficial que la creación de las dos últimas décadas ha sido especialmente dinámica y brillante. Pero, salvo honrosas excepciones, la inflación de artistas y de obras de arte no se corresponde con el valor de la creatividad actual. Caracterizado por su extraordinario eclecticismo, el arte de los ochenta, como lo será también el de los noventa, no es más que una sucesión de tendencias pasajeras que están retomando fórmulas del pasado.

Hemos visto cómo el resurgir de la pintura se traduce en una relectura del expresionismo centroeuropeo de principios del siglo XX, y en un sinfín de citaciones de la historia del arte. Con la década de los ochenta entramos en la era de los «neo»: neoexpresionismo, neopop, neo-geo. Son simples etiquetas que sirven para introducir en el mercado a jóvenes artistas como Peter Halley

(1953), Haim Steinbach (1944), Allan McCollum (1944), Robert Gober (1954) o Jeff Koons (1955), cuyas obras, a menudo mediocres, se venden gracias a la euforia del mercado. Porque en realidad estos creadores no introducen ninguna innovación, aunque esta carencia no importa demasiado a los nuevos coleccionistas y especuladores interesados más que nada por adquirir la última promoción de las galerías de moda en Nueva York y Los Ángeles.

No hay que olvidar, como subraya el crítico Yves Michaud en su libro *La crise de l'art contemporain* (1997), que «en el mundo del arte reina una gran confusión de criterios, que dan fe de la descomposición avanzada del paradigma de la vanguardia, desde el abandono del formalismo modernista a finales de los años setenta». Así «lo nuevo», que se confunde con lo más reciente, se ha convertido en el principal criterio a la hora de valorar una supuesta obra de arte.

El primero de los artistas citados, Peter Halley, irrumpió en el panorama del arte norteamericano en la segunda mitad de la década de los ochenta como representante del neo-geo (nueva geometría), aunque él mismo desmintió esta clasificación. El artista neoyorquino pretendía que lo suyo tenía más que ver con el simulacionismo, un término acuñado por Jean Baudrillard para decir que en nuestra sociedad todo es simulación. En realidad los cuadros de Peter Halley, realizados con pintura industrial y planos de colores lisos, representan simples construcciones geométricas que en algunos casos recuerdan el rigor de Barnett Newman. El éxito comercial de sus obras serviría de ejemplo a numerosos artistas para retomar una abstracción fría e impersonal y para volver a la reflexión sobre el hecho pictórico iniciada por la anterior generación.

Más cercano a la idea de simulación, Allan McCollum consiguió convertirse en una estrella de moda gracias a sus aburridas series de urnas falsas *Perfect vehicles* (Vehículos perfectos, 1986) realizadas con yeso pintado y sus conjuntos de imitaciones de cuadros de un color uniforme titulados *Plaster Surrogates* (Sustitutos de yeso). A finales de los años ochenta estas obras bastante repetitivas invadieron hasta la saciedad las ferias de arte y los museos —en 1990 el IVAM de Valencia le dedicó también una exposición—, aunque hoy ya casi nadie se interesa por ellas.

No mucho más imaginativos son los impolutos fregaderos y pilas de lavabos con los que Robert Gober conquistó la escena neoyorquina, limitándose a retomar con demasiada evidencia la idea del *ready made* de Duchamp, en especial su archifamoso urinario *Fontaine* de 1917. Pero el artista que más ha dado que hablar en la ciudad de los rascacielos desde mediados de los ochenta es Jeff Koons, un creador de objetos *kitsch* o neopop que los coleccionistas compulsivos adquieren a precio de oro. Graduado en economía por Harvard y ex corredor de bolsa, Koons ha sabido muy bien explotar el marketing y las estrategias del mercado. Empezó a llamar la atención con su serie de aspiradores encerrados en cajas de metacrilato, como la obra *New hoover quadriflex, new hoover convertible, new hoover dimension 900, new hoover dimension 1000*. Esta pieza se incluía en la exposición «El arte y su doble» organizada el año 1986 en Barcelona y Madrid por la Fundació «la Caixa», en la que se podían ver las obras de la nueva generación de artistas norteamericanos como Gober, Steimbach, Peter Halley, Barbara Kruger y Sherrie Levine, entre otros.

Simple manipulador como sus colegas, Jeff Koons no hace más que seguir algunos de los planteamientos del pop art o del Nouveau Réalisme, utilizando objetos banales y cotidianos, a los que no añade nada nuevo. Cuando crea obras de su propia inspiración, Koons realiza, con la ayuda de un equipo de ayudantes, esculturas *kitsch* de bastante mal gusto, como su *San Juan Bautista* (1988), que representa un busto de mujer que lleva en sus brazos un cerdito y un pingüino, o también *Michael Jackson y Bubbles* (1988), una horrible escultura parecida a un bibelot de feria que representa al célebre cantante sosteniendo un mono en sus brazos.

Buen conocedor de las prácticas publicitarias de Andy Warhol, Koons no ha dudado en introducir cierto aroma de escándalo en sus obras, presentando en la Bienal de Venecia de 1990 una serie de fotografías en las que él mismo se exhibía en plena actividad amorosa junto a su esposa de entonces, la «pornodiputada» italiana Ilona Staller conocida como Cicciolina. Evidentemente, todo esto no ha hecho más que contribuir a la popularidad de este artista conocido en España por ser el autor de *Puppy*, la escultura en forma de perro gigante realizada con diecisiete mil macetas que da la

bienvenida al visitante en el Museo Guggenheim de Bilbao. Erotismo, banalidad y *kitsch* son los tres ejes del trabajo de Jeff Koons,
quien a lo largo de su carrera no ha dejado de repetir que «en el
arte el gusto no tiene importancia» y que «lo único que me interesa es llegar al gran público».

La simulación y la apropiación de los objetos cotidianos o de
algunas obras de arte del pasado, como hizo Gober con el *ready
made* de Duchamp y Sherrie Levine (1947) con sus burdas copias
de cuadros de Joan Miró, constituirán una práctica corriente y un
recurso fácil para numerosos creadores, que disfrazan así su falta
de talento y creatividad. Pero la manipulación de imágenes exis-
tentes, procedentes de la historia del arte o de los *mass media,* tampoco era una novedad. En este sentido hemos de recordar las brillantes aportaciones de creadores como el islandés, afincado en
París, Erró (1932) y el extraordinario trabajo de Equipo Crónica,
que de hecho se anticiparon a estas prácticas. Integrado por los va-
lencianos Manolo Valdés (1942) y Rafael Solbes (1940-1981),
Equipo Crónica realizó entre 1964 y 1981 —fecha de la disolución
del colectivo a causa de la muerte de Solbes— un trabajo muy original, en el que se planteaban una relectura personal de algunos
de los cuadros más famosos de Picasso, El Greco, Cézanne o Velázquez, como las series dedicadas al *Guernica* y a *Las Meninas*. Heredero del pop art, Equipo Crónica supo encontrar una vía muy
personal para satirizar y desmitificar nuestra historia contemporánea. Sus pinturas al óleo y al acrílico no son simples manipulaciones al azar, sino el resultado de un planteamiento conceptual
muy riguroso. Como asegura el historiador de arte J. F. Yvars en
el catálogo de la muestra «Equipo Crónica» organizada en Madrid
en 1981 por el Ministerio de Cultura, «la utilización, a menudo cons-
cientemente panfletaria, de la alta cultura visual violentada por la
imaginería de los *mass media*, consigue una eficacia comunicativa
pocas veces alcanzada en las tentativas renovadoras de posguerra».

Cercano también al pop art, el islandés Erró (su verdadero
nombre es Guomundur Guomundsson) lleva más de cuarenta
años reciclando miles de imágenes sobre toda clase de temas procedentes de la publicidad, los cómics, la propaganda, los magazi-
nes y las reproducciones de obras de arte. Nadie como él ha mane-

jado un registro tan amplio de referencias visuales para crear una iconografía inconfundible, con la que ironiza sobre la realidad de nuestro mundo, denunciando el bombardeo mediático al que está sometida la sociedad. La visión crítica de Erró no deja títere con cabeza: desde los pastiches del realismo propagandístico ruso y chino hasta el rompecabezas de Israel, pasando por Mao, Reagan, las masacres de Pol Pot o la guerra del Golfo. Todas las abominaciones de nuestro tiempo están reflejadas en su obra, realizada sobre telas inmensas pintadas al óleo. Con gran sentido del humor, Erró juega a menudo con asociaciones voluntariamente disparatadas, como por ejemplo Mao paseando por la plaza de San Marcos de Venecia (*Young Mao at San Marco*, 1974), o Lenin irrumpiendo en una pintura costumbrista de François Boucher en *La concubine de Lénine* (1974). Con la misma energía y desparpajo, el artista islandés ofrece su personal relectura de la obra de Picasso, Miró, Otto Dix, Gauguin, Léger y Magritte en pinturas gigantescas semejantes a inmensos mosaicos, en las que condensa la iconografía de cada uno de estos creadores.

Erró ha sabido sintetizar en sus obras los excesos de nuestra sociedad cada vez más contaminada por el torbellino de las imágenes, que apenas deja un resquicio al sentido común o a la reflexión serena. Las referencias a los medios de comunicación es otro de los temas que se ha hecho cada vez más recurrente en el arte desde finales de los ochenta y más especialmente en la década de los noventa. En realidad, tampoco era ninguna novedad, como ya hemos visto con Erró, o incluso con algunos artistas conceptuales, como Antoni Muntadas. En Estados Unidos, en plena era Reagan, el triunfo comercial de un arte tan frívolo como el de Jeff Koons o de McCollum no impediría la coexistencia en las galerías comerciales de obras centradas en el activismo sociopolítico, como las de Jenny Holzer y Barbara Kruger, dos artistas que trabajan también a partir de los *mass media*. De hecho, los unos y los otros participaron en las mismas exposiciones, entre ellas las bienales del Whitney Museum de Nueva York, la plataforma oficial de lo más nuevo.

Desde la década de los ochenta, Barbara Kruger (1945) ha dedicado toda su carrera a escribir consignas en carteles y plafones publicitarios realizados con fotomontajes, que ha colocado en museos y galerías, y también en los espacios públicos. Se trata de mensajes lapidarios con los que la artista norteamericana intenta poner de manifiesto la incidencia del poder y el control que ejerce sobre la sociedad. Su colega Jenny Holzer (1950) trabaja también con textos y lanza sus invectivas mediante frases como ésta: «Action causes more trouble than thought» (La acción causa más problemas que el pensamiento), que aparecen en cintas y rótulos luminosos en las fachadas de los edificios, pero también en el interior de los museos. El año 1989, en una instalación realizada en el Guggenheim de Nueva York, Holzer hizo desfilar sus consignas en una cinta luminosa que se desarrollaba a lo largo de la famosa espiral de Frank Lloyd Wright en el atrio del museo. Era un montaje bastante espectacular, en el que la artista norteamericana desgranaba una antología de textos más o menos provocadores, como «Savor kindness because cruelty is always posible later» (Saborea la bondad porque la crueldad siempre puede llegar después). Menos impactantes resultan sus grandes placas de mármol o de granito sobre las cuales graba textos más o menos poéticos o reivindicativos. Respaldada por la poderosa galería neoyorquina Barbara Gladstone, Jenny Holzer se convirtió muy pronto en una artista de moda, representando a Estados Unidos en la Bienal de Venecia de 1990.

La obra de esta mujer es bastante sintomática de la evolución del arte a finales de los ochenta, caracterizada por el retorno al conceptual y al mismo tiempo por el deseo de los artistas de enfocar su trabajo en la creación de instalaciones de grandes dimensiones. Esta circunstancia contribuye a ensanchar el concepto de escultura, que con la aparición de movimientos como el minimal art y el land art ya había cambiado profundamente. Sin embargo, hasta llegar a la segunda mitad de los años ochenta, la escultura nunca había atraído tanto a los artistas. La bonanza del mercado y el desarrollo de los museos, que invertían cada vez más dinero en encargos, permitieron a numerosos creadores lanzarse a la realización de obras de gran envergadura. Incluso en España, donde el coleccionismo de arte contemporáneo era todavía muy limitado, Fietta Jarque aseguraba en un artículo publicado en *El País* el año

1987 que «piezas enormes que hasta hace unos años hubiesen servido a una galería española únicamente para reforzar su apoyo a los jóvenes valores, pueden convertirse ahora mismo en una operación altamente rentable».

El carácter monumental de la mayoría de las obras y su relación con el espacio son de hecho la principal novedad, ya que en esta eclosión escultórica confluían reminiscencias, revisiones o simples imitaciones del *ready made* de Duchamp, de los minimalistas norteamericanos, de Beuys con sus materiales «insólitos» y del arte povera, que estaba tan de moda en las grandes exposiciones como Documenta y la Bienal de Venecia. Las galerías y las salas de los museos se llenaron de repente de construcciones metálicas posminimalistas y de aburridos assemblages carentes de significado o de cualquier carga poética. Por poner algunos ejemplos, véanse si no los falsos recipientes domésticos como *Echazón* (1984) de Richard Wentworth (1947), un artista británico que se prodigó mucho en la década de los ochenta, o los assemblages de Reinhardt Mucha (1950), como el titulado *Hagenow Land* (1986), una aparatosa instalación de gran frialdad postindustrial, como todas las obras de este creador alemán, ex alumno de la famosa Academia de Düsseldorf. Esta pieza de Mucha estuvo expuesta en la muestra «Raumbilder, cinco escultores alemanes» organizada el año 1987 por el Museo Reina Sofía de Madrid, en la que se exhibían obras muy influenciadas por el inevitable Joseph Beuys y su estética radical, hermética y desangelada, con la excepción de las divertidas maquetas arquitectónicas de Thomas Schütte (1954). Si recordamos la exposición del Reina Sofía es porque resulta bastante emblemática de las preocupaciones de los artistas de la época, y porque además el poderío creciente de la plástica alemana pasó a ejercer una enorme influencia en el arte europeo de aquellos años.

En España, donde los artistas se habían alejado del arte comprometido de los setenta para refugiarse en su propio individualismo o en la reflexión sobre el proceso creativo, hubo también un importante boom de la escultura. Desde esta perspectiva, la plástica española no se distinguía mucho de lo que se hacía en la escena internacional. Quizá el hecho más positivo de dicho fenómeno fue la recuperación de la obra de Jorge Oteiza (1908-2003) con la importante antológica presentada en Barcelona, Madrid y Bilbao en 1988 y con una muestra de su obra en el Pabellón Español de la Bienal de Venecia de ese mismo año. En 1959 Oteiza decidió abandonar la escultura después de haber llevado a cabo un intenso proceso experimental, desarrollando el concepto de obra abierta con sus «construcciones vacías» y sus «cajas vacías». Un trabajo muy significativo para la evolución de la escultura, que ha dejado profundas huellas en las generaciones posteriores, como la de los jóvenes vascos Pello Irazu (1963) y Txomin Badiola (1957), que han sido meros discípulos de Oteiza. Ambos artistas ofrecen en sus estructuras geométricas una simple variación del trabajo del maestro o bien intentan crear assemblages efectistas al estilo de Richard Artschwager, introduciendo connotaciones sociopolíticas, como es el caso de Badiola. Esto se pudo comprobar en la muestra «Malas formas» presentada en 2002 por el MACBA y por el Museo de Bellas Artes de Bilbao, donde Txomin Badiola intentaba transmitir con fórceps algún mensaje sociopolítico, introduciendo fotografías y vídeos en unas aparatosas «deconstrucciones» de carpintería superflua.

La revalorización de la obra de Oteiza coincidió con la aparición de nuevos escultores, como Susana Solano, una artista muy vinculada al arte minimal, creadora de obras austeras y a menudo cargadas de dramatismo, con las que triunfaría muy pronto en la escena internacional. Participó en la Documenta de Kassel de 1987 y en la de 1992 y compartió con el propio Oteiza el Pabellón Español de la Bienal de Venecia el año 1988.

La moda de la escultura permitió el lanzamiento a gran escala de artistas como Juan Muñoz (1953-2001) y Cristina Iglesias (1956), que gracias al fuerte apoyo institucional del que gozaron desde el principio de su carrera pudieron exponer en las manifestaciones y en los museos más importantes de mundo. Algo que no se acaba de justificar del todo, porque el impacto de sus obras nos parece un tanto sobredimensionado, como ha ocurrido con tantas creaciones de los años ochenta y noventa. Juan Muñoz fue un escultor bastante ecléctico, aunque sus creaciones más conocidas son sus recurrentes personajes semejantes a grandes muñecos de trapo que presentaba en solitario o en grupo, como en el caso de la instalación *Plaza* del Palacio de Velázquez madrileño el año 1996. Al comienzo, estas obras llamaron la atención, quizá porque aludían a la figura humana, algo verdaderamente insólito en medio de tanta abstracción minimalista. Pero el hecho de encontrar en casi todas las esquinas de Documenta, de un museo o de una plaza pública alguna de estas figuras acabó convirtiéndolas en una simple fórmula estereotipada. Es posible que su muerte prematura en el verano de 2001 haya impedido dar otro giro a su carrera, como parecía intuirse en su gigantesca instalación *Double Bind* (Doble atadura, 2001) realizada para la sala de las turbinas de la Tate Modern de Londres.

La carrera de Cristina Iglesias ha sido también meteórica, ya que, respaldada desde las instancias oficiales, su obra se ha difundido desde mediados de los ochenta en los circuitos internacionales con exposiciones en importantes galerías y museos de Europa y Estados Unidos. Resulta difícil hablar de sus esculturas porque no existe un nexo común entre ellas o una característica que haga que se pueda reconocer su huella o su personalidad. Cristina Iglesias empezó construyendo assemblages escultóricos, algunos de ellos transitables, mezclando materiales como el hierro, el hormigón, el cristal o el alabastro, como pudo verse en la muestra del Pabellón Español de la Bienal de Venecia de 1993. Ha pasado luego a realizar extrañas rejas que pueden recordar el estilo mudéjar, como la obra titulada *Celosía II* incluida en la muestra inaugural del Guggenheim de Bilbao el año 1997. Un trabajo bastante cercano a la decoración, que la escultora combina a menudo con grandes plafones cubiertos de motivos vegetales en relieve, de connotaciones barrocas. El problema con la obra de Cristina Iglesias no reside en los cambios que se observan en su proceso creador —es lógico que un artista evolucione—, sino en el hecho de que no han quedado nunca claros los objetivos que persigue, más allá de combinar diversos materiales para intentar crear un supuesto diálogo con el espacio, que difícilmente consigue interesar al espectador.

Muy diferente se nos antoja la obra de Jaume Plensa (1955), un artista de su misma generación, cuya obra sorprendió grandemente en la década de los ochenta por su fuerza expresiva. Plensa inició su carrera con esculturas monumentales de hierro oxidado, que evocaban extraños animales, insectos o figuras humanas de formas contundentes. Eran obras que, de hecho, estaban en sintonía con el resurgir de cierto primitivismo, como se ha podido ver en el ámbito pictórico. Más reconocido fuera de nuestras fronteras que en España, Plensa es un artista que ha ido evolucionando constantemente. El éxito que cosechó con sus grandes esculturas a mediados de los ochenta no le ha impedido replantearse continuamente su práctica artística, con el riesgo incluso de equivocarse. Ha experimentado también con el papel, que utilizó como si fuera una materia escultural para crear extrañas figuras y paisajes casi abstractos mediante una técnica de relieve muy sugerente. Al mismo tiempo, sus esculturas se han ido aligerando hasta llegar a la transparencia, primero con interesantes figuras de resina, que surgían de forma casi mágica de las paredes y después con la construcción de grandes cajas de luz a menudo transitables, en cuya superficie el artista ha grabado textos literarios de Baudelaire, William Blake y Rabelais. Son obras mucho más herméticas que sus primeros trabajos, en los que el artista catalán va plasmando sus obsesiones, como la ausencia, el silencio, el deseo o la imposibilidad.

Algunos de estos conceptos han inspirado también la obra de Louise Bourgeois, aunque tratados desde otra óptica y con un punto de vista mucho más visceral. Nacida en Francia en 1911 y residente en Nueva York desde 1938, Louise Bourgeois es una de las grandes figuras de la escultura de la segunda mitad del siglo XX, que la moda por la obra tridimensional permitió redescubrir en la década de los ochenta. La creación de Louise Bourgeois es tremendamente individualista, inspirada en su propia biografía: los fantasmas de la infancia, la sexualidad, el erotismo, la exploración del inconsciente y su obsesión por «destruir al padre», la denuncia de la soledad y de la fragilidad humana.

Para ella, la creación artística fue una suerte de revancha sobre los traumatismos y las insatisfacciones personales. El arte es para Louise Bourgeois un medio de «curación». Ella misma ha afirmado: «Organizo mi escultura de la misma manera que se aplica el tratamiento a un enfermo». Sin embargo, sus esculturas y grandes instalaciones, en las que emplea materiales tan diversos como el mármol, el acero, el bronce, la madera o la goma, tienen una dimensión universal, porque inciden en los mitos eternos. Son obras inclasificables, que se nos antojan inquietantes e incluso perturbadoras, pero que nunca dejan indiferente a nadie. Sus primeras esculturas de los años cincuenta tienen una factura un tanto primitivista, con connotaciones eróticas y reminiscencias de Rodin y Brancusi. A lo largo de su carrera las alusiones al cuerpo humano han sido una referencia constante y más o menos explícita. «Para mí, la escultura es el cuerpo, y mi cuerpo es mi escultura.» Resulta sorprendente ver con qué energía y lucidez Louise Bourgeois, con más de ochenta años, ha ido creando grandes montajes alegóricos o instalaciones de una ironía chirriante, como pudimos ver en la Documenta 9 de Kassel de 1992 y en la Bienal de Venecia de 1993, donde ocupaba el Pabellón de Estados Unidos. Hay que destacar también su participación el año 2002 en la Documenta 11 con la interesante serie de «retratos» titulada *Cell*, que la artista inició en 1985 y de la que presentaba cuatro versiones realizadas en 2000. Se trataba de cuatro grandes jaulas de cristal cubiertas de rejas metálicas, cada una de las cuales encerraba una extraña cabeza humana rodeada de objetos insólitos. El espectro de la soledad y de la muerte planeaba en este conjunto bastante sobrecogedor, cargado de un extraño simbolismo, como en la mayoría de sus singulares creaciones.

Si hemos dedicado una atención especial al trabajo de Louise Bourgeois es porque la escultora francesa ha sintetizado en su obra una visión muy contemporánea de la naturaleza humana, envuelta en sus angustias y sus frustraciones. E incluso me atrevería a decir sin temor a equivocarme que en la segunda mitad del siglo XX Bourgeois es a la escultura lo que el artista británico Francis Bacon (1909-1992) fue para la pintura. Conviene también señalar que parte del éxito relativamente tardío de Bourgeois se debe a que su obra conecta con el interés casi obsesivo por el cuerpo humano surgido en el arte a finales de la década de los ochenta. Ha sido éste un fenómeno de singular trascendencia, que ha afectado a todos los ámbitos de la creación plástica hasta llegar a la saturación.

Esta obsesión por el cuerpo humano ha estado motivada por varias causas. En primer lugar, la vuelta a la figuración de principios de los ochenta ha llamado de nuevo la atención sobre la representación del hombre y de la mujer en el arte, pero no era para exaltar su belleza sino más bien todo lo contrario. En la gran exposición «Identity – and – alterity. Figures of the body 1895/1995», que Jean Clair organizó para celebrar el centenario de la Bienal de Venecia del año 1995, el especialista francés analizaba cómo los artistas, pintores, escultores y fotógrafos habían evocado el cuerpo a lo largo del siglo XX, y cuál había sido su actitud frente a las diferentes corrientes que han marcado la evolución del arte. Uno de sus ámbitos era el titulado «The return of the body» (El retorno del cuerpo), que Jean Clair situaba en los años sesenta y que, como demostraba en la muestra, iría acentuándose hasta llegar a los noventa. En este recorrido, el visitante se daba cuenta de que la mirada de los artistas sobre la figura humana resultaba bastante despiadada, con una cierta complacencia hacia lo mórbido. Ejemplo muy emblemático eran las grandes pinturas de desnudos de Lucian Freud (1922), un artista que desde finales de los ochenta ha adquirido gran fama internacional por retratar, con un realismo preciso e implacable, la flacidez de la carne y las arrugas del cuerpo envejecido. Algo que, por lo que se ve, entusiasma tanto a los coleccionistas que pagan sumas elevadísimas para conseguir un cuadro suyo como al numeroso público que visitó la retrospectiva de sus obras presentada en 2002 en la Tate Britain de Londres y en CaixaForum de Barcelona.

Otro factor que ha contribuido a convertir el cuerpo humano en una referencia recurrente ha sido el impacto del sida en la comunidad artística. A finales de la década de los ochenta, la crueldad de la epidemia suscitó una amplia reacción entre los artistas, que a menudo reflejaban en sus obras la angustia, la enfermedad, la degradación física y moral del ser humano, amenazado por una plaga terrible. Algunos lo hicieron de una manera conceptual, como los inteligentes trabajos del colectivo canadiense General Idea, integrado por A. A. Bronson (1946), Felix Partz (1945-1994) y Jorge Zontal (1944-1994), que desarrollaron un activismo combativo a semejanza de las campañas de sensibilización. Realizaron instalaciones en las calles y en los museos de Europa y América, transformando el famoso logotipo LOVE (AMOR) creado en los años sesenta por Richard Indiana, en AIDS (SIDA), es decir, en el icono de la enfermedad. El colectivo General Idea reprodujo el logotipo con los mismos colores y las mismas letras en carteles, vallas publicitarias y en montajes efímeros como el que realizó el colectivo en 1991 en la Fundació Joan Miró de Barcelona.

Otros creadores optaron por concebir obras más metafóricas o herméticas, como Félix González-Torres (1957-1996), un artista cubano muy mimado por el mercado y autor de la famosa cortina de perlas —una alusión a la sangre de su amigo muerto de sida— subastada por Christie's en 2000 por 1,65 millones de dólares.

Algunos artistas hicieron de la enfermedad el centro de su práctica artística, como el escultor cordobés Pepe Espaliu (1955-1993), que tuvo el coraje de declarar públicamente que estaba afectado por el sida, y que decidió llevar a cabo una serie de acciones públicas y obras testimoniales sobre la epidemia.

Pero al margen de la problemática del sida, el cuerpo humano se convirtió para numerosos creadores en un tema de moda y en el territorio de todas las transgresiones. Muchos artistas se pusieron a reflexionar sobre la identidad sexual y racial, la androginia y la homosexualidad. Hubo cierto *revival* de las reivindicaciones de los movimientos feministas, gay y lesbianas, que ya a finales de los años sesenta habían dado mucho que hablar en los ambientes artísticos estadounidenses. Sin embargo, tal y como señala Whitney Chadwick en su libro *Mujer, arte y sociedad*:

> Si bien obras feministas de décadas anteriores, como la performance *Cut Piece* (Pieza de corte) de 1964 de Yoko Ono, planteaban las cuestiones de la feminidad y la sexualidad femenina por medio de la vestimenta, no pretendían nunca provocar la conmoción directa y frontal presente en obras como *Vanitas: vestido de carne para una anoréxica albina* de 1987 de Jana Sterbak (1955), que consistía en un cuerpo femenino cubierto por un vestido rojo confeccionado con casi treinta kilos de carne de vaca cruda.

El «vestido» de Sterbak (que se exhibió en la Sala Moncada de Barcelona en 1993), propone, según Whitney Chadwick:

> ... llamar la atención sobre el proceso de descomposición y la fugacidad de los placeres terrenales, y alude a los límites entre nuestras

vidas en la cultura y nuestra composición biológica. Con todo ello, incluso la rezumante obra de la Sterbak está en deuda, hasta cierto punto, con obras anteriores como *Acción sentimental* (1973), de Gina Pane, en la que la artista se había transformado en un trozo de carne que goteaba sangre, y *El gozo de la carne* (1964) de Carolee Schneemann, con sus pollos desplumados y sus salchichas crudas.

Conviene recordar ahora que Carolee Schneemann (1939) es una veterana creadora de performances que desde los años sesenta ha utilizado su propio cuerpo desnudo en acciones bastante provocadoras, como por ejemplo cuando se retrató sacándose de la vagina un texto impreso sobre una tira de papel en la acción *Interior scroll*, de 1975.

Hay que señalar que el afán por buscar la transgresión con obras de contenido sexual o pornográfico, tan recurrente en la creación plástica desde finales de los ochenta hasta la actualidad, no era tampoco algo innovador. Simplemente observamos que el fenómeno se acentúa, con la particularidad de que son muchas las mujeres que han abordado sin tapujos y con una especial crudeza, inédita hasta entonces, aspectos de sus propias funciones fisiológicas, cuya evocación ha sido considerada generalmente tabú por la sociedad. Quizá porque era la única forma de «vengarse» de esa imagen tan estereotipada que los hombres han ofrecido del «bello sexo» en el arte y en la publicidad desde tiempos inmemoriales. Sea como sea, numerosas artistas no han dudado en introducir en sus obras alusiones a fluidos corporales, vísceras u órganos enfermos. Ése es el caso de la norteamericana de origen alemán Kiki Smith (1954), que en su obra *Cuento* (1992) pone en escena un extraño maniquí que deja a su paso un rastro de excrementos. En otra obra, *Sin título*, de 1986, Kiki Smith se limita a reunir doce botellas vacías que llevan escritos en caligrafía gótica los nombres de diversos fluidos, tales como sangre, lágrimas, pus, orina, semen, etcétera. Hannah Wilke (1949-1993), creadora de numerosas esculturas-performances, fue todavía más lejos, fotografiando las huellas que el cáncer y las radiaciones dejaban en su cuerpo, a lo largo de su enfermedad terminal. En palabras de

Whitney Chadwick, estas obras «deconstruían la ecuación establecida entre feminidad y placer visual».

El cuerpo enfermo, vulnerable, pervertido e incluso fragmentado ha invadido los museos y las galerías, mediante toda clase de soportes, pinturas, fotografías, vídeos e instalaciones. Esta preocupación recurrente, vinculada a la aparición de obras relacionadas con el feminismo y posfeminismo, ha llegado también a España. La nueva moda ha propulsado en nuestra escena artística a una serie de artistas como Suzy Gómez, Eulàlia Valldosera o Ana Laura Aláez, cuyas obras se encuentran a años luz de la potencia creativa de Louise Bourgeois, la artista que para muchas mujeres dedicadas al arte ha pasado a ser una referencia ineludible. Suzy Gómez (1964) construye esculturas «blandas» con prendas de ropa, o bien hace fotografías con supuestos guiños a los estereotipos de la feminidad; Eulàlia Valldosera (1963) nos habla de la relación madre-hija mediante proyecciones de botellas de detergente superpuestas cuyas formas evocan el cuerpo femenino, o bien discursea sobre su propia vida trasladando parte de su taller a la retrospectiva celebrada el año 2001 en la Fundació Antoni Tàpies de Barcelona. La artista catalana había reconstruido varias de sus instalaciones, en las que utiliza objetos cotidianos (camas, mesas, sillas, libros, ceniceros, frascos de medicamentos) o incluso su propio cuerpo como modelo «para llevar a cabo una reflexión sobre la identidad de la mujer, como sujeto intelectual, centrándose en los aspectos afectivos, la sexualidad, el amor, la enfermedad y la maternidad», según explicaban sus promotores. Todo un programa, que intenta conectar con el «espíritu del tiempo», pero que no acaba de tomar distancia con la realidad más prosaica para conseguir esa pretendida dimensión intelectual.

Mucho más superficial se nos antoja la obra de Ana Laura Aláez (1964), una artista bilbaína, mimada por las instituciones, que representó a España en la Bienal de Venecia de 2001 —junto con Javier Pérez—, aún no sabemos muy bien por qué. Sus fotografías e instalaciones hacen referencia al mundo de la moda, la seducción y la publicidad, con una clara tendencia hacia la banalidad y la frivolidad. Sólo hay que recordar su montaje *Dance & Disco*, una suerte de bar-discoteca presentado en el Espacio 1 del

Reina Sofía de Madrid el año 2000, o bien su instalación *The Brothel* (la habitación de un prostíbulo), expuesta en la muestra «Trans Sexual Express», organizada por el Centre d'Art Santa Mònica en 2001.

Más allá de las apariencias, todas estas obras no contribuyen a plantear una reflexión coherente, pero son una ilustración perfecta del espejismo de lo nuevo que venimos observando. La muestra «Trans Sexual Express» fue una de las muchas exposiciones organizadas durante los últimos años, con el pretexto de cuestionar los clichés de la identidad sexual y las convenciones sociales. Con la excepción de un conmovedor vídeo sobre la prostitución infantil en la India de la iraní afincada en Nueva York Elahe Massumi (1961), la exposición acababa siendo un espectáculo vulgar cercano al *reality show* con vídeos y fotografías protagonizadas por *drag queens*, lesbianas, gays y transexuales, como la conocida Leigh Bowery (1961-1994), una artista de la performance que fue la modelo favorita del pintor Lucian Freud.

El interés por las cuestiones de identidad y los comportamientos sexuales ha sido uno de los temas omnipresentes en la plástica de los últimos años con una fuerte tendencia al exhibicionismo. Sobre este aspecto conviene recordar el éxito cosechado por la fotógrafa norteamericana Nan Goldin (1953), estrella del festival PhotoEspaña de 2002 con la gran retrospectiva de su obra en el Palacio Velázquez de Madrid, exhibida anteriormente en el Centre Pompidou de París y en la Whitechapel Gallery de Londres. Durante los años setenta y ochenta, Nan Goldin se dedicó a retratar el mundo de la noche neoyorquina que había descubierto a través de su amigo David Amstrong, fotógrafo y *drag queen*. En su larga serie titulada *The Ballad of Sexual Dependency* (La balada de la dependencia sexual) de 1985, Nan Goldin reflejaba con el «realismo sucio» tan de moda en nuestra época el universo despiadado de la droga y del sexo; un trabajo fotográfico parecido en todo al de un diario de sus vivencias personales, que tanto ha fascinado a sus múltiples discípulos.

Siguiendo los pasos de Nan Goldin, otra norteamericana, Catherine Opie (1961) hace de su condición de lesbiana su única bandera y su fuente de inspiración. En sus autorretratos de connotaciones masoquistas, Opie pretende luchar contra las convenciones de lo masculino y lo femenino y contra lo que ella llama «las identidades establecidas de antemano», según explicó en una entrevista en *El Cultural* en el año 2002.

En las sociedades occidentales, la preocupación por el cuerpo se está convirtiendo en una verdadera obsesión y en una lucha permanente por mantenerlo sano, por mejorar su aspecto y por retrasar el envejecimiento a costa de cualquier sacrificio. Esta nueva moda la ha querido experimentar en su propio cuerpo la artista francesa Orlan (1947), sometiéndose a toda clase de operaciones quirúrgicas, que convierte en performances artísticas. Ella misma se define como «una transexual mujer», y asegura que el objetivo de sus acciones es poner de manifiesto la tiranía de las modas y de las convenciones sociales sobre nuestra manera de ver y entender el cuerpo.

Orlan empezó a realizar sus primeras performances a mediados de los años sesenta, pero fue a partir de los noventa cuando se hizo famosa, es decir, en la época en la que el cuerpo se convirtió en un tema de moda. Este fenómeno coincidiría con el resurgir del body art —del que por cierto Orlan ha querido siempre distanciarse— y con la extensión casi generalizada de la práctica de la performance. Artistas como Paul McCarthy, cuyas agresivas acciones de contenido escatológico y sexual pasaron sin pena ni gloria en la década de los setenta, ocuparon de repente el primer plano de la escena artística. Sus vídeos, sus fotografías y sus esculturas se exhibieron en manifestaciones como la Bienal de Arte de Lyon en 1997 y la Bienal de Venecia de 1999 y fueron adquiridas a precio de oro por numerosos museos. El único problema es que el trabajo de McCarthy no había evolucionado nada, y seguía ciñéndose al ámbito de la realidad más vulgar. Ejemplo de esta mediocridad es la escultura *Spaguetti Man* (Hombre espagueti) de 1993, propiedad del Fond Régional d'Art Contemporain de Languedoc-Roussillon, que se exhibió en la Fundació Joan Miró de Barcelona en 2003 dentro de la muestra colectiva «Falsa inocencia». La obra representa un maniquí con cabeza de conejo de peluche y con un sexo de varios metros, desarrollado como una manguera. No es más que un burdo intento de provocación, que refleja hasta qué grado de banalidad se ha llegado en el arte contemporáneo con el acuerdo tácito de algunos comisarios, críticos, galeristas y directores de museos.

El gusto por la obscenidad y por la vulgaridad se convirtió en una actitud muy en boga en los años noventa bajo la influencia de jóvenes artistas norteamericanos, como Mike Kelley, Raymond Pettibon y Matthew Barney, que la crítica ha alabado hasta consagrarlos como estrellas. Todos ellos van por la vida de «niños malos» (*bad boys*) y en sus performances, instalaciones, dibujos, assemblages y vídeos, hacen alarde de un cinismo descarado, mezclado con lo que llamamos aquí cierto «pasotismo». No se han inventado nada, limitándose a manipular y a apropiarse imágenes de orígenes diversos, como el rock, el cómic, el repertorio homosexual, el feminismo o la movida universitaria.

Muy influenciado por la música pop y la cultura underground, Mike Kelley (1954) se ha dado a conocer por sus instalaciones compuestas por viejos osos de peluche o sucias muñecas de trapo, que exhibe sobre mantas de ganchillo. Dicen sus exegetas que no hay aquí ninguna nostalgia, simplemente un deseo de ironizar sobre la manía del coleccionismo, por medio de objetos banales procedentes de la sociedad de consumo. Pero Mike Kelley ha hecho esculturas bastante desconcertantes, como *Colema Board details*, expuesta en Documenta 9 en 1992 y ahora propiedad del coleccionista alemán Reinhard Onnasch, que evoca un curioso dispositivo para hacer lavativas. Más aparatosa resulta la instalación *The Trajectory of Light in Plato's Cave (From Plato's Cave, Rothko's Chapel, Lincoln's Profile)* (La trayectoria de la luz en la caverna de Platón [desde la caverna de Platón, la capilla de Rothko, el perfil de Lincoln]). Mike Kelley la realizó en 1986 y la reconstruyó en 1996 para su retrospectiva barcelonesa en el MACBA.

Adquirida por la Fundació «la Caixa», esta pieza es una suerte de caverna, cuya puerta de entrada está medio tapiada por un cuadro con el siguiente aviso: «Arrástrate, gusano. Para practicar la espeleología a veces hay que detenerse, a veces hay que ir a cuatro patas, o incluso reptar». Efectivamente el espectador no tiene más remedio que agacharse si quiere ver el interior de la cueva, aunque el esfuerzo no se justifica, porque en realidad no contiene nada relevante. El visitante descubrirá por un lado dos cuadros

—uno reproduce la huella del cuerpo del artista y otro las imágenes de un test psicológico— y por otro, en la parte opuesta, una falsa chimenea con una serie de telas cuyo color «se corresponde con el de un fluido corporal: excremento, orina, semen, sangre», según el comentario de David G. Torres escrito ex profeso para el *Catálogo razonado* de la Colección de Arte Contemporáneo de la Fundació «la Caixa». Algunos críticos han interpretado esta supuesta parodia del mito de la caverna de Platón como una forma de ironizar sobre ciertos valores de la sociedad americana de clase media, pero en realidad no es más que un montaje gratuito y bastante cursi.

Lo mismo podríamos decir de sus dibujos realizados sobre papel en blanco y negro y con acrílico, inspirados en tiras de cómics y cercanos a los de su colega y compañero de generación Raymond Pettibon (1957). Menos conocido que Kelley, Pettibon pertenece también a la cuadrilla de los *bad boys* californianos, que dieron mucho que hablar a principios de los noventa en la costa Oeste de Estados Unidos. En España pudimos descubrir sus dibujos mediocres y llenos de comentarios soeces en la antología que le dedicó el Museu d'Art Contemporani de Barcelona en la primavera de 2002, justo dos meses antes de su participación en la Documenta 11 de Kassel. Algo probablemente planificado por sus promotores para llamar la atención en Europa sobre su obra, pero que no se justifica para nada desde el punto de vista artístico. Con la pretensión de ironizar sobre el contexto sociopolítico de Estados Unidos, Pettibon se inspira de las tiras de cómics de Batman y Superman, que parodia y acompaña de diálogos procaces y absolutamente frívolos. Ni sus dibujos a lápiz o tinta china, que parecen los de un aprendiz, ni el contenido de sus textos, más propios de una revista porno, ofrecen el mínimo interés artístico, intelectual o testimonial. Únicamente pueden entenderse como el reflejo de una sociedad que se regodea cada vez más con la vulgaridad y al mismo tiempo como prueba de la incapacidad de muchos ¿artistas? por trascender la realidad prosaica.

En esta corte de los milagros en la que se ha convertido el mundo del arte, la fascinación por lo morboso y lo perverso es una tendencia muy extendida. Un ejemplo emblemático es el éxito cosechado por el joven californiano Matthew Barney (1967), considerado como el «nuevo maestro del body art», aunque él mismo se define solamente como un «pariente lejano». Aficionado al fútbol y dotado de un físico de atleta profesional, Matthew Barney utiliza su cuerpo como centro de sus acciones. Por poner un ejemplo, en 1991 se sujetó con arneses y se colgó durante tres horas en la pared de la Barbara Gladstone Gallery de Nueva York. Para el artista, «los atletas son gente que entiende las cosas a través de su cuerpo». Realiza también esculturas de silicona de apariencia viscosa e instalaciones con toda clase de artilugios, relacionados con la práctica del deporte, que a menudo combina con vídeos. Ése fue el caso de la obra *Ottoshaft: Al Davis suite* realizada en la Documenta 9 de Kassel en 1992, un montaje bastante aparatoso, que ofrecía escaso interés para los espectadores.

Pero lo más conocido del trabajo de Barney es la serie de cinco películas, reunidas bajo el título *Cremaster cycle* (1994-2002), escritas y dirigidas por el artista, en las cuales interpreta a menudo diferentes papeles junto a otras «estrellas» invitadas, como Richard Serra, Norman Mailer y Ursula Andress. Este curioso ciclo épico tiene su origen en el *cremaster*, el nombre inglés del diminuto músculo que controla las contracciones de los testículos en su respuesta a un estímulo externo. En estas películas, más efectistas que otra cosa, Barney se ha apropiado de diferentes géneros teatrales y cinematográficos «para crear un nuevo mito postedípico de nuestra cultura contemporánea», según la definición de Nancy Spector, comisaria de la exposición de Matthew Barney en el Guggenheim Museum de Nueva York del año 2002. El artista no nos cuenta ninguna historia, sino que más bien inventa ficciones un tanto barrocas, en las que las referencias al sexo, el culto a la androginia y el exhibicionismo ocupan el centro de sus fantasías cinematográficas.

El trabajo de Matthew Barney, tan aupado por la crítica oficial, se inscribe perfectamente en el contexto de los años noventa, tanto por las temáticas que aborda como por los medios que utiliza: el vídeo, la fotografía, la performance y la realización de instalaciones. Los artistas practican cada vez más lo que a menudo se ha llamado mestizaje, es decir, el paso continuo de un medio de expresión a otro, sin establecer ninguna jerarquía. La gran beneficiada de esta evolución fue la fotografía, que se ha convertido en el lenguaje privilegiado para muchos artistas, y en el gran filón del mercado actual del arte. Al mismo tiempo, la evolución de la tecnología ha abierto las puertas a toda clase de manipulaciones de la imagen filmada o fotografiada, permitiendo ampliar los campos de experimentación. Este fenómeno está ejerciendo una enorme fascinación sobre los jóvenes creadores, que a menudo, ante la ausencia de una nueva corriente artística o intelectual como referente, han visto en los medios tecnológicos una especie de tabla de salvación para crear algo supuestamente «novedoso».

7

LA TORMENTA TECNOLÓGICA

Si el retorno de la pintura con la sucesión de los estilos «neo» y el desarrollo espectacular de la escultura habían sido las notas dominantes en la década de los ochenta, el auge de la fotografía y del vídeo determinaría buena parte de la creación de los noventa. En los años sesenta y setenta algunos artistas habían recurrido a la fotografía para «inmortalizar» sus acciones o para documentar trabajos conceptuales, tal y como señalamos en el capítulo tercero. Su difusión en las galerías de arte aún era muy minoritaria y apenas interesaba a los coleccionistas más comprometidos con la plástica reciente. Pero la situación ha cambiado radicalmente en los últimos quince años, en los que la fotografía y el vídeo se han impuesto como el lenguaje dominante gracias a la celebración de numerosos certámenes especializados. Tanto es así que muchos críticos iluminados volvieron a anunciar de nuevo la muerte certera de la pintura...

La moda de la fotografía ha resultado muy positiva para el reconocimiento y la difusión de los grandes maestros que han marcado la historia de esta técnica y cuyas obras han entrado, por fin, en las colecciones públicas y en los museos por la puerta grande. Todo este cambio ha tenido una gran incidencia sobre el mercado del arte, con el crecimiento espectacular de los precios de las fotografías, y no únicamente las de los pioneros del siglo XIX o los vanguardistas de la primera mitad del XX, sino también las de artistas de ahora mismo, como Andrés Serrano (1950), Bruce Nauman (1941) y Cindy Sherman (1954), todos ellos estrellas internacionales, cuyas obras se cotizan por varios centenares de miles de dólares. Por poner un ejemplo, la fotografía de Bruce Nauman *Light Trap for Henry Moore N.º 1* (tiraje único) se subastó por 480.000 dólares en Sotheby's de Nueva York en el año 2000. A lo largo de ese mismo año se vendieron sesenta y cinco fotografías de Cindy Sherman que en total alcanzaron la suma de 2.255.000 dólares. ¡Ahí es nada!

De nacionalidad norteamericana, Cindy Sherman es el ejemplo paradigmático de la joven fotógrafa que ha triunfado de forma vertiginosa, consiguiendo en muy poco tiempo una importante proyección internacional. Se dio a conocer en la escena neoyorquina a mediados de los años ochenta con una serie de autorretratos, en los que ella misma interpreta numerosos papeles inspirados en personajes de películas. En uno de sus primeros trabajos, *Fotogramas de film sin título*, iniciado en el año 1977, Cindy Sherman se retrató adoptando posturas sacadas de los films de serie B. La propia artista crea el vestuario, el maquillaje y el escenario. Sus obras más conocidas son los autorretratos pseudohistóricos, realizados en 1989 a imitación de los cuadros de la pintura renacentista o prerrafaelita. Algunas de estas fotografías se han expuesto en numerosas muestras colectivas, como *To be and not to be*, presentada en el Centre d'Art Santa Mònica en 1990 y la citada exposición «Identity – and – alterity. Figures of the body» de Venecia. Como muchos fotógrafos de su generación, Cindy Sherman pretende reflexionar sobre la ambigüedad de la identidad inventando imágenes que se caracterizan por un efectismo barroco mezclado con algunos ligeros toques de cinismo y perversión. La realidad del caso es que sus autorretratos, adquiridos por los museos de todo el mundo, no pasan de ser unas composiciones más bien correctas, que ofrecen pocas novedades en la evolución de la fotografía.

Andrés Serrano, por su parte, cultiva el gusto por lo morboso, tan de moda en la creación de los años noventa. Para realizar la serie titulada *The Morgue* (1992), Serrano fue a visitar los depósitos de cadáveres, y retrató en un primer plano las heridas y manchas en los pies y las manos de personas fallecidas por enfermedad. Unas imágenes verdaderamente brutales, reproducidas por el fotógrafo en grandes cibachromes, que los coleccionistas se disputan a precios astronómicos. Su obra más polémica ha sido sin duda la titulada *Cristo en orina* (1987), una fotografía de un crucifijo sumergido en una sustancia acuosa, que se supone es la orina del propio artista. Sobre esta obra el crítico Anthony Julius señala en su libro *Transgresiones*, publicado en 2002, que no es la imagen en sí —«una composición que posee una belleza difuminada, bastante convencional»—, sino el título lo que produce «un efecto discordante e inmediato por su cualidad directa y repugnante». Era una fotografía destinada a sacudir las mentes «bien pensantes» de un público burgués, y efectivamente provocó violentas críticas entre los sectores más conservadores de la sociedad norteamericana, porque «profanaba un símbolo religioso». Los defensores de Serrano apelaron, por supuesto, al derecho del artista a crear con absoluta libertad porque, como recuerda también Anthony Julius, «el arte es una zona privilegiada donde se puede decir lo que, en caso contrario, sería inexpresable, y donde se puede representar lo que, de lo contrario, sería irrepresentable». Con esta opinión estamos todos de acuerdo, porque efectivamente el arte sigue siendo ante todo un espacio de libertad. El problema reside en saber si realmente Andrés Serrano ha creado con *Cristo en orina* una obra de arte, al margen del revuelo de la polémica, ampliado machaconamente por los medios de comunicación. La fotografía en cuestión, de la que existen cuatro copias, no produce un gran impacto y resulta bastante gratuita, pero quizá pueden considerarla una gran creación artística aquellos que creen en la afirmación de Beuys de que «todo hombre es artista». ¿Por qué, pues, no puede serlo también Andrés Serrano si además el mercado, que lo legitima casi todo, ha consagrado su obra como un valor en alza?

Algo más de sentido artístico tenía el norteamericano Robert Mapplethorpe (1946-1989), conocido por sus impactantes retratos y por sus fotografías de escenas homoeróticas, que provocaron la admiración de los estetas y al mismo tiempo unas furibundas críticas de los republicanos de la era Reagan. Su muerte a los cuarenta y dos años a consecuencia del sida contribuyó a incrementar todavía más la fama internacional de este fotógrafo, que no dudó en retratar de forma explícita el submundo homosexual y sadomasoquista. Pero lo hacía estudiando al máximo sus composiciones, cuidando la iluminación y los contrastes de luz, tan importantes en sus trabajos, realizados casi en exclusiva en blanco y negro. Autor de fotografías verdaderamente trangresoras, como el célebre *Autorretrato* de 1978 —en el que aparece él mismo en una actitud sadomasoquista—, Robert Mapplethorpe compartió las obsesiones de su época, la evocación del cuerpo, el gusto por la ambigüedad y la reivindicación homosexual; pero lo hizo siempre en nombre del arte y con un gran conocimiento de la historia de la fotografía.

La obra de Robert Mapplethorpe se ha convertido en el principal referente de sus numerosos discípulos, entre ellos el español Alberto García Alix (1956), que retrató sin tapujos a los protagonistas de la «movida madrileña». Conviene recordar que una de las grandes cualidades del trabajo de Mapplethorpe fue no haber caído nunca en la tentación de lo morboso. A diferencia de muchos artistas de su generación, Robert Mapplethorpe era un esteta, que buscaba en la representación del cuerpo con o sin ropa la plasmación de cierta idea de la belleza. Algo que para los fotógrafos de los años ochenta y noventa no era una prioridad sino todo lo contrario. Hay como una huida hacia adelante para ver quién llega más lejos en la evocación de lo revulsivo y lo repugnante. Con esta idea, la artista británica Helen Chadwick (1953-1996) retrató vísceras de animales (lenguas o sesos de cordero) en alusión a determinadas partes del cuerpo humano. En otro contexto el norteamericano Joel-Peter Witkin (1939) utiliza seres deformes, monstruos, cadáveres y miembros amputados para construir fotografías muy efectistas, cercanas al horror. Algo que por otra parte no es una novedad, ya que a finales del siglo XIX ya había un mercado muy activo de fotografías de monstruos de ferias, gemelos siameses o mujeres barbudas, convertidos en temas de atracción popular.

La exploración del cuerpo desnudo ha sido para algunos de los fotógrafos de las dos últimas décadas un recurso fácil y también una mina de oro. Posiblemente uno de los artistas publicistas más espabilados ha sido el norteamericano Spencer Tunick (1967), que se dedica a retratar a miles de personas desnudas, que posan de forma desinteresada en una calle o plaza de una gran ciudad para la promoción exclusiva del fotógrafo. Con este método, Tunick realiza fotografías de gran formato, en las cuales la gente tumbada sobre el asfalto aparece como si fueran pollos o gambas, según la postura o el capricho del maestro. Desde hace más de diez años, el fotógrafo neoyorquino ha ido repitiendo esta fórmula en Buenos Aires, Melbourne, Montreal y Barcelona, donde consiguió reunir en junio de 2003 a cerca de siete mil personas. Evidentemente, cada una de estas performances o «instalaciones», como él mismo las define, se convierte en un acontecimiento mediático, que garantiza la promoción de sus mediocres fotografías, expuestas en bienales, galerías y ferias comerciales. El propio Tunick explicó el impacto popular de su trabajo, diciendo que la gente acepta desnudarse ante su cámara porque «tiene la sensación de participar en una obra de arte». Pero en la realidad estos miles de voluntarios colaboran en un *reality show*, que sirve de estrategia publicitaria a un fotógrafo que, dejando aparte cierta preocupación por la composición de la imagen, no ha demostrado ninguna especial originalidad en el manejo de la cámara.

Frente a los «delirios de la carne», la otra cara de este gran furor por la fotografía ha sido la proliferación de imágenes austeras e insulsas, como los retratos anónimos que llenan de aburrimiento las galerías y las ferias de arte. El alemán Thomas Ruff (1958) se ha convertido en el especialista del retrato desprovisto de emoción y por supuesto de belleza. Desde los años ochenta —lejos de la genialidad pionera de August Sander (1876-1964) o del arte nada complaciente de Diane Arbus (1923-1971)—, ha fotografiado rostros comunes de desconocidos, sin historia aparente, con los que ha conseguido crear escuela y estar representado en numerosos museos europeos.

El mismo Thomas Ruff, junto con otros artistas muy presentes en la escena artística internacional, como el alemán Günther Förg (1952) y el francés Jean-Marc Bustamante (1952), lanzó la moda de las fotografías de arquitecturas desangeladas y de periferias de ciudades absolutamente siniestras. Estas imágenes a menudo reiterativas han inundado los museos y alcanzan en la actualidad precios desorbitantes. Algunos comisarios de exposiciones y directores de museos justifican la realización de estas vistas urbanas de una banalidad desesperante porque, en su opinión, se trata de una «nueva forma» de «pintar» un paisaje, utilizando la fotografía, una técnica que, según explican, corresponde más al «espíritu del tiempo».

Una tendencia que empieza a producir un profundo cansancio entre los visitantes de museos y exposiciones es la proliferación de fotografías frías y objetivas de edificios urbanos sin carácter, aeropuertos y suburbios deshumanizados, que son el mero reflejo de una realidad uniformizada. Y lo que es peor, estas imágenes se cotizan cada vez más, como las fotografías de gran formato (hasta tres metros de largo) del alemán Andreas Gursky (1955), otra de las «estrellas» de la fotografía actual, a quien el MOMA y el Centre Pompidou han dedicado recientemente una retrospectiva. Los coleccionistas se disputan por sumas elevadísimas sus panorámicas del interior del aeropuerto Charles de Gaulle de París o sus interiores de la boutique Prada de Nueva York. Un ejemplo, su fotografía *Prada II* (1997) con una tirada de seis ejemplares que reproduce una tienda de la célebre firma italiana, y que se vendió el año 2001 por 270.000 dólares.

Como aportación —sólo es un decir— a la fotografía de los años noventa hay que citar también a los artistas que la utilizan como documento narrativo, tales como la francesa Suzanne Laffont (1949), el canadiense Jeff Wall (1946) y el británico Craigie Horsfield (1949), todos ellos ampliamente promocionados por la Documenta 10 y 11 de los años 1997 y 2002 respectivamente.

Para buscar nuevos horizontes muchos fotógrafos se dedican también a crear instalaciones, la fórmula mágica que impera en el arte de los años noventa y que permite al artista incorporar toda clase de elementos heterogéneos, entre ellos la fotografía y la parafernalia de la tecnología digital. El problema es que si no existe una idea previa muy coherente con un montaje visualmente inteligible y atractivo, la propuesta acaba perdiendo todo interés.

El fotógrafo catalán Joan Fontcuberta (1955) empezó a hacer fotografías de formato convencional para pasar después a realizar trabajos de carácter multidisciplinario. Se trata de montajes complejos con los que intenta reflexionar sobre la representación o la autenticidad de la imagen en la era de la manipulación tecnológica. Pero sus ambiciosas instalaciones, como *Securitas*, presentada en el Centre d'Art Santa Mònica de Barcelona en 2001, y *Sputnik*, exhibida en la Fundación Arte y Tecnología en Madrid el año 1997, son sólo una suerte de montaje conceptual, con el que el artista catalán pretende ilustrar una tesis mediante una historia tan enrevesada como la propia propuesta. El resultado es decepcionante, porque el visitante se pierde entre tanto texto y documento gráfico, hasta el punto de no intuir el verdadero propósito del autor. Quizá, para hacerse entender, habría sido mejor escribir un libro.

Estamos así ante el gran defecto de centenares de instalaciones que hemos tenido que soportar desde hace más de una década en bienales y documentas, donde son muy pocos los creadores que han logrado captar realmente la atención del espectador. Uno de estos pocos es el chileno Alfredo Jaar (1956), un artista muy crítico con la realidad de su tiempo que atrajo la atención en la Documenta 8 de Kassel del año 1987 con la instalación *1+1+1*. En este caso, lo suyo era un montaje conceptual bastante sencillo, que incluía fotografías y espejos enmarcados en cuadros dorados, con los que se planteaba una reflexión lúcida sobre el contraste entre la miseria del mundo del trabajo y el lujo artificial del arte. Desde aquella fecha Alfredo Jaar se ha ganado un reconocimiento internacional, con intervenciones muy comprometidas con la realidad del mundo. En sus últimos trabajos, como el ciclo *Lamento de las imágenes* presentado en la Documenta 11 de Kassel en 2002, Alfredo Jaar ponía de manifiesto, con una instalación realizada sólo con un dispositivo luminoso y sin ninguna fotografía, la inocuidad de las imágenes en una sociedad saturada por el bombardeo mediático, que nos está volviendo «ciegos» a todos.

Otros artistas prefieren explorar las posibilidades expresivas de las nuevas tecnologías, que invaden con fuerza inusitada el ámbito de la creación plástica. Una actitud bastante lógica, sin duda, ya que el arte ha sido siempre el reflejo del contexto en el que se desarrolla y parece normal que los artistas intenten abrirse camino con todos los medios que tienen a su alcance. En este ámbito abundan, sin embargo, las experiencias que desembocan a menudo en ejercicios puramente técnicos, sin ningún tipo de atractivo estético o intelectual. La manipulación de la imagen digital, de la que tanto se ha hablado, y la utilización del escáner y otros artilugios han deslumbrado a muchos aprendices de artistas, convencidos de que el dominio de la tecnología puede sustituir la ausencia de mensaje o la falta de imaginación.

La moda del arte multimedia fue lanzada por la Documenta 8 de Kassel del año 1987, donde pudimos ver junto a trabajos muy eclécticos varias instalaciones que llamaban la atención de forma casi exclusiva por la complejidad del montaje y el alarde de aparatos electrónicos utilizados. Muchas obras, como el caótico montaje *Niagara falls* (1985) de Shigeko Kubota (1937), no pasaban de ser un mero tinglado tecnológico. Sin embargo, hay que mencionar a dos artistas que sorprendieron por la coherencia de su proyecto y por su sentido de la estética, algo poco frecuente en las creaciones multimedia. Se trataba de la belga Marie Jo Lafontaine (1959), que con su instalación *Les larmes d'acier* (1987) ponía en escena un curioso paralelismo entre el movimiento del cuerpo humano y la máquina, y del italiano Fabrizio Plessi (1940), que en su montaje titulado *Roma* (1987) construía de manera virtual un torrente y una cascada de agua, en una instalación verdaderamente espectacular. En ambos casos los artistas conseguían dominar la tecnología, poniéndola al servicio del arte, con propuestas sólidas y plásticamente atractivas.

En los últimos cuarenta años, el videoarte ha ido adquiriendo una mayor complejidad y sofisticación, dando lugar a una producción muy diversificada, aunque bastante irregular y a menudo aburrida. Desde que el pionero Nam June Paik realizó la primera grabación en vídeo con un magnetoscopio portátil, inventando el concepto de videoinstalación, del que hemos hablado con anterioridad, la fascinación por el arte electrónico no ha hecho más que crecer, hasta llegar al diluvio tecnológico de ahora mismo. En los años sesenta y setenta algunos artistas utilizaron el vídeo esencialmente para filmar sus performances y acciones efímeras, realizadas en espacios alternativos o en sus propios talleres. Esta práctica experimentó un nuevo auge en la década de los noventa, con el regreso de la temática del cuerpo y la recuperación de artistas como Vito Acconci, Paul McCarthy y Marina Abramovic. Esta última, una pionera de la performance en Europa redescubierta recientemente. Nacida en Belgrado en 1946, Abramovic trabaja con su cuerpo infligiéndose a sí misma incluso dolorosas heridas, al tiempo que realiza videoinstalaciones sobre la historia convulsa de su país natal, como la conocida *Balkan Baroque* presentada en 1997 en la Bienal de Venecia. Su obra, anclada desde siempre en el body art y el arte conceptual de los setenta, ha suscitado gran interés en España con exposiciones en Valencia (1998), Cádiz (2001) y Madrid (2003).

Otros artistas empezaron a considerar el vídeo como un lenguaje visual, diferente al cinematográfico, para plasmar sus fantasías o simplemente experimentar con la imagen. Nació así el «vídeo de creación» o videoarte, que ha dado lugar a centenares de trabajos de índole diversa, que van desde el juego superficial entre la imagen y el sonido hasta películas con pretensiones narrativas, pasando por trabajos que critican los *media* y la televisión, o que intentan reflexionar sobre el tema tan recurrente de la identidad social, sexual o geográfica. La novedad del medio y su aparente facilidad de manejo han llevado a sus filas a multitud de artistas y aprendices de cineastas, cuyas obras, más desiguales que interesantes, han invadido los museos y las exposiciones internacionales.

El videoarte es como ese gran cajón de sastre en el que cabe casi todo. Abundan, entre otros, los vídeos de corte conceptual realizados por artistas como el norteamericano Gary Hill (1951), para quien el uso del vídeo «libera su reflexión y le da la posibilidad de pensar en voz alta». En su *Lingüística electrónica* de 1977 Hill intentó convertir en una imagen visible el sonido de las palabras de un texto. A lo largo de su carrera internacional, su obra se ha desarrollado en un contexto tecnológico cada vez más sofisticado y hermético, en el que aparecen referencias explícitas a filósofos como Maurice Blanchot y Jacques Derrida. Lo que ocurre con este tipo de obras, un tanto crípticas, es que suelen resultar poco inteligibles al espectador si no conoce previamente las intenciones del artista. Y es aquí donde el problema de la incomunicación del arte empieza a resultar preocupante y a la larga tedioso.

A decir verdad, son muy pocos los creadores que han conseguido en sus videoinstalaciones transmitir un mensaje claro, capaz de producir un verdadero impacto visual. Hay excepciones, por supuesto, como las instalaciones del madrileño Daniel Canogar (1964), cuyos trabajos se caracterizan por un gran sentido de lo plástico. Por poner un ejemplo, en su obra *Intimate mappings*, realizada en 2001 para el Centre National des Arts Plastiques de París,

Canogar conseguía crear con fibra óptica y mediante la proyección de imágenes científicas un environment muy sugerente, que envolvía al espectador en un universo mágico e irreal. En otro registro, hay que destacar las poéticas videoinstalaciones del norteamericano Tony Oursler (1957), que se caracterizan por un cierto sentido crítico no exento de humor. En obras como *Mansheshe* (1997) y *Flamenco Figure* (1995) —esta última propiedad de la Fundació MACBA de Barcelona—, el artista manipula un conjunto de maniquís de trapo hasta convertirlos en personajes con cara y voz, mediante la sobreimpresión filmada de un rostro humano, que les confiere movimiento.

Entre los jóvenes videoartistas de la última generación, no podemos dejar de mencionar al francés Pierrick Sorin (1960), que sorprende por sus imaginativos montajes y sus pequeñas escenografías llenas de ironía y de sensibilidad plástica, en las que contempla la realidad «con la mirada de un payaso triste». Pudimos apreciarlo en el original trabajo que presentó en Barcelona en las salas de CaixaForum el año 2002, donde el artista huía de la grandilocuencia gratuita tan frecuente en las obras multimedia.

Mucho más dramático resulta el trabajo de Bruce Nauman (1941), que se ha impuesto en los años noventa como una referencia ineludible en el ámbito del arte multimedia. Aunque no todas sus obras son igualmente relevantes, Bruce Nauman se ha convertido en la estrella internacional por excelencia, cuyas obras se cotizan a precio de oro. Nauman empezó a hacer fotografías y cintas de vídeo con su propio cuerpo, como puede verse en la serie de serigrafías *First Hologram Series* (1970). Se trata de una de sus primeras obras conocidas —aunque no de las mejores—, que representa la parte inferior de su rostro con los labios voluntariamente deformados. En este caso las imágenes fueron conseguidas a partir de fotografías en infrarrojo. La parte más importante del trabajo de Nauman son sus videoinstalaciones interactivas, en las que el espectador está implicado en cada una de las obras mediante un circuito cerrado de televisión. La especialidad de este hombre es construir unos corredores angustiosos, como en su obra *Going around the corner* (1970), por los que el visitante camina hasta encontrarse con un monitor que difunde su propia imagen, captada por una cámara de vigilancia. En otras obras no transitables, como *Antro/Socio* (1991) expuesta en la Documenta 9 de 1992, Bruce Nauman escenifica, con elementos sobrios pero impactantes, sensaciones como el miedo, la soledad, la crueldad o la impotencia, con los que refleja una visión del mundo bastante opresiva.

Otro norteamericano que ha destacado en el maremagno del videoarte es Bill Viola (1951), un artista de proyección internacional que explora en sus películas y en sus instalaciones los estados de la percepción visual y auditiva, así como la relación del hombre con la naturaleza y su entorno. Sus obras, que están a menudo teñidas de lirismo y que él mismo califica de «poesías visuales», se caracterizan por un gran sentido plástico que conmueve al espectador. Así ocurre con su instalación de vídeo y sonido *Estaciones* (1994), donde aparecen proyectadas sobre unos bloques de granito imágenes de cuerpos flotantes, que al mismo tiempo se reflejan en unos espejos, en una suerte de ballet continuo.

Tanto Nauman como Viola eran artistas ya conocidos en los años ochenta, pero fue la moda del vídeo de los noventa la que los convirtió en auténticos mitos del género, gracias a su entrada en las colecciones de numerosos museos europeos. Han proliferado también a su lado una multitud de discípulos y seguidores mediocres, que algunos críticos y comisarios de exposiciones han impuesto con criterios más que discutibles. Sobre este tema uno se pregunta por qué razón se incluye en una muestra de arte una nadería como el vídeo *Cielo* (1997) de la fotógrafa australiana Tracey Moffatt, en el que vemos a unos hombres desvistiéndose junto a sus coches en el parking de una playa cualquiera. La propia artista, cuyas obras están muy cotizadas incluso en el mercado español, explicó en la presentación de su antológica en la Fundació «la Caixa» de Barcelona que filmó esta escena de una manera totalmente informal, un día que se aburría mucho y decidió pasearse con su cámara sin un objetivo concreto. Las imágenes de la australiana, absolutamente banales, tanto por su temática como por su pésima realización, no pasan de ser un mero ejemplo de voyeurismo para aficionados al *reality show*. Tal vez sea el reflejo del «espíritu de la época» porque, como señaló Jean Baudrillard en un artículo publicado en *El Mundo* el año 2001

lo que quiere profundamente la gente es el espectáculo de la banalidad, que es hoy la verdadera pornografía, la verdadera obscenidad, la obscenidad de la nulidad, de la insignificancia y del aburrimiento.

Con algunas pretensiones más intelectuales, el irlandés James
Coleman (1941) realiza instalaciones audiovisuales, algunas muy
complejas y crípticas y otras tan sencillas como la proyección continua de diapositivas que representan de forma alternativa la silue-
ta de un pato o de un conejo; una obra insignificante titulada *Duck-
Rabbit* (1970) que ahora pertenece a la colección permanente del
MACBA. Bien situado en los círculos internacionales del arte,
James Coleman participó en la Documenta 10 en 1997 con la obra
Connemara Landscape (1980), que consistía en una imagen «críp-
tica» —según explicaban en el catálogo de la muestra—, cuyas con-
fusas líneas de configuración se resisten a cualquier identificación.
Al situar la obra muy cerca de la entrada, el visitante tampoco tenía
perspectiva para observar la imagen... Y una vez más nos topamos
con el problema de la incomunicabilidad del arte. Pero a Coleman
lo volvimos a encontrar en la Documenta 11 de 2002, con la videoinstalación *Lapsus Exposure* (1992-1994), integrada por una proyección de imágenes acompañada de un texto narrativo, cuyo absoluto hermetismo escapaba al espectador más atento.
    Hoy en día el vídeo y la creación multimedia forman parte del
arte «establecido» y han sido aceptados como una forma legítima de expresión artística, y esto a pesar de que a menudo se han
presentado en nombre del arte trabajos muy mediocres. Muchos
museos han empezado a comprar arte electrónico y numerosas instituciones le están dedicando exposiciones específicas. Sin embargo, la avalancha tecnológica ha sido hasta ahora como un espejismo a los ojos del mundo, que ha dado la ilusión de que el arte
posvanguardista había encontrado un nuevo rumbo. Pero más allá
de ciertos efectos especiales y de la fascinación por el *high tech* hi-
persofisticado, pocas son las obras que dejan una huella en la memoria del espectador; quizá porque todavía los artistas no han tenido tiempo de aprender a dominar el medio, que por el momento
parece dominarlos a ellos. Muchos hablan ahora del net-art o arte

creado y difundido en la red, pero todavía está todo en una fase muy primitiva, con unos contenidos tan pobres como aburridos. Los artistas lo reivindican por su carácter abierto e interactivo, porque implica la participación directa del espectador y esto parece ser la gran revolución. Sin embargo, por el momento, más que arte, el net-art no pasa de ser un entretenimiento para los adictos compulsivos al ciberespacio, que no se cansan de descifrar los gráficos y las instrucciones de las páginas web.

Es evidente que en los últimos años numerosas obras han sido difundidas más por su «novedad» técnica que por su relevancia artística. Si hemos insistido en reseñar las obras de Tracey Moffatt y de James Coleman es porque son ejemplos de dos de las principales derivas del arte contemporáneo: por una parte, la tendencia hacia la trivialización del arte y el abandono de la idea de originalidad, un fenómeno iniciado con el pop art, como hemos visto en el primer capítulo; y por otra parte, el gusto por los trabajos crípticos y neoconceptuales con pretensiones moralizadoras o pseudointelectuales, puestas a la orden del día por una serie de directores de museos o influyentes *curators*, que han emprendido una cruzada contra el arte considerado como simple «espectáculo». Una actitud que podría resultar interesante para dejar de encumbrar el arte frívolo de los McCollum, Koons, Schnabel y compañía, y permitiría recuperar la dimensión intelectual y comprometida de la creación plástica. Ésa era la idea que giraba en la cabeza de la especialista francesa Catherine David al asumir la dirección de la Documenta 10 de Kassel. Decidió poner el énfasis sobre las obras conceptuales de contenido sociopolítico, privilegiando la fotografía, las instalaciones y las proyecciones de vídeo. Para esta mujer controvertida, la pintura o la escultura, es decir, «las bellas artes» de siempre, son ahora mismo lenguajes obsoletos. Ex conservadora del Centre Pompidou, Catherine David quiso convertir la Documenta de 1997 en un gran debate pluridisciplinario, organizando cada día un encuentro con una personalidad procedente de los distintos ámbitos de la cultura: filósofos, arquitectos, profesores, cineastas, artistas y escritores.

En una entrevista que yo misma le hice para el diario *El Mundo* un año antes de la apertura de la Documenta 10, Catherine David reconocía que «la creación artística lo tiene difícil en una sociedad que vive la cultura como un gran bazar», e insistía en que no estaba «dispuesta a seguir esa corriente tan peligrosa que tiende a convertir Documenta en un mero espectáculo lúdico». Con este planteamiento abordaba en su trabajo una cuestión fundamental: la de la sumisión de lo cultural a lo económico y la lucha contra las presiones del mercado, porque Documenta, que se celebra cada cinco años, sigue siendo una plataforma privilegiada para el lanzamiento o la consagración de determinados artistas.

Concebida como una gran confrontación internacional, la Documenta de Kassel ha sido desde siempre una referencia para reflexionar sobre la creación más reciente, y cada una de sus ediciones ha ido marcando ciertas pautas sobre el rumbo que iba a tomar la creación plástica, como se ha podido observar a lo largo del libro. A diferencia de la Bienal de Venecia, en la que, además de su director intervienen numerosos comisarios nombrados por los respectivos gobiernos de los países participantes, la Documenta depende exclusivamente de la opción elegida por su responsable. Una tarea por supuesto nada fácil, dada la complejidad de la plástica actual.

La apuesta casi radical de Catherine David resultaba bastante prometedora, y había despertado ciertas expectativas entre los que estábamos cansados de ver en galerías y museos tanta frivolidad. Pero nuestro gozo en un pozo. Habrá que decir que el remedio fue casi peor que la enfermedad. La selección de ciento veinte artistas de los cinco continentes ponía el énfasis sobre trabajos documentales centrados en problemáticas sociales o urbanas, que convertían a menudo la exposición en una sala de lectura semejante a un archivo de imágenes inconexas. En lugar de proponer una reflexión sobre lo que había pasado en el último lustro, la directora apostó por cierto *revival* de los años sesenta mediante la recuperación de algunas figuras del pasado, como los fotógrafos norteamericanos Walker Evans (1903-1975) y Garry Winogrand (1928-1984), el brasileño Hélio Oiticica (1937-1980) o el belga Marcel Broodthaers (1924-1976). Catherine David sacó del olvido al francés Raymond Hains (1926), aunque desde sus conocidos *décollages* (pinturas hechas con carteles arrancados) de la época del Nouveau Réalisme, prácticamente no había hecho nada reseñable, como pudimos comprobar en la retrospectiva de su obra, presentada por el MACBA en el año 1999.

El trabajo de estos creadores veteranos debía servir de referencia o apoyo para articular su propuesta, pero su argumento principal, el de explorar la incidencia de lo político en el arte, se perdía en la complejidad de las instalaciones, donde había que leer muchos textos, consultar decenas de documentos y mirar vídeos e infinidad de fotografías para poder discernir entre tanto proyecto. Y decimos proyecto porque la noción de objeto artístico u obra de arte ha sido sustituida por trabajos que tenían más que ver con el periodismo, la sociología, el urbanismo o la antropología. Algo que acababa con la paciencia del visitante más devoto, porque para tratar estas disciplinas ya existen medios mucho más adecuados que las instalaciones, como son los libros, los artículos de periódicos y los documentales. La suya era, sin lugar a dudas, una propuesta claramente antiartística, en la que, por otra parte, no aparecía ninguna concesión al humor, a la ironía, o la sensibilidad. Y lo que es peor, muchas de las obras expuestas carecían de «visibilidad». ¿Cómo podemos hablar de arte sociopolítico si las obras elegidas, no por su interés estético sino porque son susceptibles de cuestionar o criticar una determinada situación, no son suficientemente elocuentes para transmitir esta intención? Ésta ha sido una de las grandes contradicciones de Documenta 10 y de muchas obras del arte actual, a pesar del abrumador discurso teórico que intenta justificarlas.

La vuelta del arte políticamente comprometido, que tuvo su época de esplendor a finales de los años sesenta y en la década de los setenta, no era del todo extraño a finales de los noventa. El malestar del planeta, amenazado por los desastres ecológicos, los desequilibrios demográficos, la extensión de la epidemia del sida, la ausencia de ideología después de la caída del Muro de Berlín, habían influido en muchos creadores, como es lógico. Al mismo tiempo, la crisis del mercado del arte en los primeros años de los noventa animó a los artistas a hacer un arte menos sujeto a los dictados de la moda. Ocurre sin embargo que el arte político ha acabado también convirtiéndose en una «nueva moda».

Siguiendo el ejemplo de Catherine David, el director de la Documenta 11, el nigeriano Okwui Enwezor, centró su propuesta sobre el arte sociopolítico. Recuperó también algunas figuras históricas vinculadas al arte conceptual, como On Kawara, Hanne Darboven y Diether Roth (1930-1998), y desenterró los trabajos de arquitectos marginales, como los del húngaro Yonna Friedmann (1923) y del holandés Constant (1920). Al mismo tiempo, Enwezor dio mucho protagonismo a amplios fotorreportajes, que evocaban espacios urbanos desolados, guerras y conflictos políticos. Como ya es costumbre, la pintura quedaba reducida a una presencia anecdótica, con la representación de cinco pintores, entre ellos el muy promocionado e insulso Luc Tuymans (1958) y el veterano Leon Golub (1922), este último, genial autor de una obra dominada por la crítica social, como ya había demostrado en anteriores ediciones de la Documenta.

La principal apuesta de Enwezor fue privilegiar por encima de todo las proyecciones de vídeo y películas, ya que entre los ciento dieciséis artistas internacionales participantes, un 70 por ciento fue invitado por Documenta a producir una obra específica en el ámbito del cine. El resultado de todo esto fue una exposición interminable, de más de un centenar de horas de proyección, que incluía largometrajes de hasta ciento setenta minutos de duración. Entre este maremagno de imágenes, más propio de un festival de cine que de una exposición de artes plásticas, el espectador lo tenía muy difícil para poder apreciar cada una de las obras, y captar su mensaje, cuando lo había. La mayoría eran films documentales con pretensiones artísticas. Pocos son los creadores que consiguen compaginar hábilmente los dos aspectos. Había, claro está, algunas excepciones, como *Westen Deep*, un film de veinticinco minutos realizado por el británico Steve McQueen (1969) sobre el trabajo en una mina de África. El artista utiliza los recursos artísticos de la cámara, el sonido y el movimiento para evocar un universo de una dureza extrema. Otro vídeo que llamó la atención del público fue *Out of Blue* de Zarina Bhimji, una artista nacida en Uganda en 1963 de padres indios, que reside en Londres desde 1974, el año en el que su familia fue expulsada del país por el dictador Idi Amin. En su vídeo de veinticuatro minutos, la artista evoca la degradación de su país de nacimiento a través del paisaje, con casas en ruinas, aeropuertos derruidos y campos arrasados. En otro registro, la finlandesa Eija Liisa Ahtila (1959) mostraba en una triple pantalla el envilecimiento mental de una mujer, que ya no soporta el mundo exterior y acaba encerrándose en la oscuridad.

El gran problema de muchas de las películas y videoinstalaciones presentadas en Kassel es que con demasiada frecuencia había que leer previamente un folleto o una nota informativa preparada por el artista para explicar sus intenciones. Algo que demuestra que el propio autor tenía bastante claro que su obra no era suficientemente inteligible para transmitir sus ideas. Por poner un ejemplo, en la entrada de la videoinstalación *From the other side*, de Chantal Akerman (1950), se entregaba al visitante un texto explicativo, porque a simple vista era imposible entender el objetivo de su trabajo. En esta obra, compuesta de un conjunto de monitores repartidos en tres ámbitos, la artista belga intenta reflejar la persecución de los clandestinos en la frontera entre México y Estados Unidos. Gracias a la nota explicativa podía uno enterarse de que el último monitor transmitía en tiempo real una imagen de la carretera justo en el límite de la frontera mexicana. La realidad es que sólo se veía una imagen oscura con algunos puntos de luz, que igual podía haber sido captada en México, en Estados Unidos o en cualquier otra parte. Una vez más, volvía a plantearse la cuestión que ya hemos evocado a menudo en este ensayo: la pérdida de la visibilidad del arte, que por desgracia conduce con demasiada frecuencia a la pérdida de su poder de comunicación.

Algo que, por supuesto, no deja de ser contradictorio cuando el propio Enwezor defendía su propuesta como un gran debate transnacional para reflexionar sobre el desorden social y fomentar el intercambio de las ideas. Visto desde la distancia, la novedad del certamen fue organizar como preludio a la exposición una serie de seminarios en ciudades como Berlín, Viena, Santa Lucía, Kinshasa y Lagos, que Ewenzor bautizó como «plataformas» y de las que sólo quedan algunos textos teóricos bastante farragosos. Era un intento de dar una dimensión universal a la muestra y de promover el multiculturalismo, esa palabra muy de moda desde hace ya algunos años en el ámbito artístico, que ha permitido la difusión de obras de creadores asiáticos, africanos y latinoamericanos. Una novedad que en un principio podía significar un enriquecimiento de la escena artística, ya que, como explicó Harald Szeemann en 1999 al asumir la dirección de la Bienal de Venecia, «estamos saturados de arte occidental». El problema es que la mayoría de estos creadores, ya sean chinos, nigerianos o latinos, que aparecen ahora en casi todos los certámenes internacionales, viven y trabajan en Nueva York, Londres o París y han incorporado a sus obras, como era previsible, los parámetros y las tendencias legitimadas por el mercado occidental del arte.

Volviendo de nuevo a la Documenta 11, fue ésta una edición etiquetada como «políticamente correcta», pero terriblemente aburrida. Centrada en exclusiva en multitud de obras que reflejan los problemas del mundo contemporáneo, la exposición se caracterizaba por una selección bastante irregular, ya que incluso artistas de probada capacidad creativa como el sudafricano William Kentridge (1955), que incluye en sus originales films algunos de sus dibujos, decepcionó con su película *Zeno writting* realizada ex profeso para la muestra. Y ¿qué decir de los catorce pósters fotográficos representando la imagen repetida de una diosa india, de Adrian Piper (1948), una artista norteamericana vinculada al activismo sociopolítico y conocida habitualmente por obras de mayor profundidad? Y ¿cómo explicar la estrafalaria instalación del holandés Mark Manders (1968) titulada *Reduced Room with changing Arrest (reduced to 88 %)*, llena de extraños artilugios como un fregadero, un horno con chimenea, unas ratas de hierro negro, dos estatuas humanas puestas de pie sobre una mesa, todo ello expuesto sin orden ni concierto en una especie de caos enigmático?

Cito estos ejemplos porque ilustran de una manera más que evidente la inconsistencia de numerosas obras de arte y de cierta incoherencia de determinados comisarios a la hora de elegirlas. Dentro de la extrema complejidad de la plástica contemporánea, la opción de mostrar sólo creaciones referentes al ámbito sociopolítico era una propuesta respetable, aunque bastante reduccionista. Sin embargo, lo que se entiende menos son los criterios utilizados para incluir unas instalaciones y unos vídeos conceptualmente tan pobres y tan poco convincentes, por muchos textos teóricos que intenten justificarlos en el catálogo de la muestra.

Documenta es el paradigma de ciertas derivas del arte contemporáneo, que ya no reivindica obras u objetos artísticos, sino ideas o procesos. El predominio del vídeo y de la fotografía son dos factores que inciden en esta dirección, porque los artistas de ahora mismo no los utilizan como medios de creación plástica, sino como instrumentos para documentar determinadas problemáticas sociales, urbanas o políticas. Llegamos así a una situación en la que la mayoría de las obras que se presentan en nombre del arte en las grandes exposiciones han perdido sus principales atractivos, es decir, su impacto estético, su fuerza comunicativa y su capacidad por conmover la sensibilidad del espectador. Ya no estimulan nuestra mente para llevarla hacia lo sublime o al menos hacia otros ámbitos que el de la banalidad cotidiana. Pero para muchos comisarios y galeristas influyentes, todos estos conceptos son caducos y obsoletos. El problema es que ahora mismo nada ha venido a sustituirlos.

El vídeo y el arte digital que tanto proliferan en la actualidad constituyen, en opinión de algunos de sus defensores, grandes vehículos para desarrollar proyectos basados en las relaciones sociales, surgidas a través de la comunicación por internet. Un nuevo terreno que los artistas más espabilados han empezado a explorar y que ya tiene nombre: «estética relacional». Esta expresión le corresponde a Nicolas Bourriaud, codirector junto con Jérôme Sans del flamante Palais de Tokyo, el templo de «lo más nuevo», inaugurado en París el año 2002 para mostrar, no obras de arte —una especie casi en vías de extinción—, sino el hervidero de la creación actual, es decir, una suerte de corte de los milagros, donde los aprendices de artistas están invitados a presentar lo último que se les ha ocurrido. En nuestra época las cosas van muy deprisa, incluido el arte, ya que para la última generación de *curators* es necesario mostrar la creación desde su propio origen, sin apenas tomar distancia ni evaluar su impacto. Para Nicolas Bourriaud, «ahora mismo, la partida más interesante que se juega en el campo del arte se desarrolla según las nociones de interactividad y de convivencia. Además de descifrar un nuevo territorio artístico, su reto principal consiste también en investigar la capacidad que tienen las obras para reinventar la relación social». Todo un programa que nadie sabe si servirá para paliar virtualmente la soledad del artista o la del público, o mejor dicho, si de esta manera el arte —en el caso de que podamos seguir hablando de arte— logrará recuperar la capacidad de comunicación que ha ido perdiendo durante las últimas décadas.

A MANERA DE EPÍLOGO

Desde el ocaso de las vanguardias, el arte ha tenido que reinventarse a sí mismo sin tener que «matar al padre», porque el padre ya estaba muerto. No quedaban más academias que derrumbar ni tradiciones que combatir. El rey estaba desnudo y el posmodernismo no ha hecho otra cosa que evidenciarlo, porque los intentos por encontrarle nuevas vestimentas —incluso recosiendo las viejas— sólo han conseguido provocar mucho ruido mediático y pocas sorpresas.

A lo largo de los últimos cincuenta años se ha ido contra la belleza, contra el objeto artístico, contra el museo, contra la galería y contra el valor mercantil del arte. Sin embargo, después de tanta negación, la creación más insustancial —en el sentido literal y figurativo de la palabra— ha sido recuperada por el sistema, como hemos podido ver a lo largo de estas páginas. Ni la apertura hacia el multiculturalismo, ni el derroche tecnológico, ni los movimientos contraculturales, ni la potencia de los *media* han conseguido hasta hoy sacar al arte del atolladero. El retorno al activismo político en el arte, impuesto como una moda en las dos últimas Documenta, ha sido con demasiada frecuencia sólo un pretexto para justificar el oportunismo de determinados artistas.

Véanse si no las acciones organizadas por el español Santiago Sierra (1966) para denunciar supuestamente la explotación laboral de las personas y la cara más sucia del capitalismo. El año 2000 Sierra pagó en Cuba a un grupo de diez hombres para que se masturbasen delante de su cámara. Un año después contrató a una mujer para que pasara cuatro horas diarias durante una semana esposada a un bloque de madera en un habitáculo integrado en la muestra «Trans Sexual Express» organizada por el Centre d'Art Santa Mònica de Barcelona. El público no vio nunca a aquella mujer, que acudía a su «trabajo» fuera del horario de apertura del centro. De nuevo en Barcelona, en el marco de la Trienal del año 2001, Santiago Sierra reclutó mediante un anuncio publicado en la prensa a un grupo de inmigrantes, todos con los papeles en regla, para que permanecieran durante varias horas en la bodega de un barco anclado en el puerto barcelonés. Nadie, salvo unos pocos periodistas, consiguió ver aquel barco, ni pudo enterarse de la injusta explotación del hombre, que allí se denunciaba, aunque evidentemente, el artista cobró sus honorarios pagados por el Instituto de Cultura. Acciones como las que acabamos de comentar hacen que nos preguntemos cuál es su verdadero interés, si como ocurre con frecuencia no tienen ninguna incidencia en el público, y ni siquiera en los medios de comunicación.

Un poco más de revuelo ha suscitado la propuesta de Santiago Sierra en el Pabellón de España de la Bienal de Venecia de 2003. En esta ocasión, el artista disimuló con un plástico el nombre de España escrito encima de la puerta de entrada del pabellón, que había tapiado con una pared construida toscamente. Para visitar el interior, donde Santiago Sierra había dispuesto escombros y restos de materiales de construcción, era obligatorio pasar por la puerta de atrás y presentar un documento de identidad español. Se prohibía así el acceso a los visitantes de otras nacionalidades. La acción de Sierra era una forma bastante burda de señalar que todos los países tienen fronteras, y que estas barreras impiden la libre circulación de las personas, y generan a menudo conflictos nacionalistas. El hecho de no poder entrar en el pabellón provocó las protestas de algunos, la indiferencia de otros y hasta un pequeño incidente diplomático cuando el día de la inauguración el embajador de España quiso entrar en el pabellón sin enseñar su carnet.

Parece evidente que el representante del gobierno español no había entendido que «en las acciones de Sierra, las personas se convierten en "*ready made* performativos" con los que conforma "historias situadas" que amplían la noción clásica de intervención específica», tal y como se explicaba en el folleto de mano, escrito por la comisaria del pabellón, Rosa Martínez. La prensa española aireó el escándalo, llenando todos los días páginas y páginas, pero casi nadie se detuvo a analizar el contenido de la propuesta. No ha sido ésta la primera vez que un artista realiza un proyecto financiado por un gobierno, en el que se intenta criticar o poner en evidencia el poder. Otros lo han hecho de una manera mucho más eficaz y brillante, como el alemán Hans Haacke, con su proyecto *Germania* de la Bienal de Venecia de 1993. Conceptualmente, la obra de Santiago Sierra es muy pobre y simplista, porque el suyo es un trabajo que no intenta ir más allá de la realidad prosaica. El hecho de poner detritus y viejos trastos para evocar el caos del arte o del mundo tampoco es ninguna originalidad. Mucho más impactantes resultan las instalaciones del ucraniano Ilya Kabakov (1933), como la que expuso en la Documenta de Kassel de 1992. Construyó un pabellón titulado *Die Toilette*, en el que reproducía el interior cochambroso de una vivienda rusa, presentada como una metáfora de la ruina y la descomposición de la antigua URSS, justo después de la caída del comunismo.

Pero Santiago Sierra ha tenido en Venecia su hora de gloria, y con su intervención ha conseguido crear un acontecimiento mediático, que es en definitiva lo que persiguen muchos de los artistas que desean alcanzar el triunfo lo más rápidamente posible. En la sociedad del *reality show*, este fenómeno se ha extendido como la pólvora, y el impacto en los medios de comunicación sirve a menudo para encubrir el vacío artístico e intelectual.

El ejemplo más paradigmático de lo que venimos diciendo ha sido el lanzamiento en la década de los noventa de los llamados Young British Artists (YBA) gracias a la poderosa influencia del coleccionista y publicista londinense Charles Saatchi, que desde hace más de veinte años hace y deshace a numerosas «estrellas» del arte contemporáneo. Responsable de la campaña publicitaria que llevó al poder a Margaret Thatcher, Saatchi compra y vende sin parar, incidiendo directamente en la cotización de los artistas. A partir de 1990 empezó a interesarse por un grupo de artistas «rebeldes» encabezado por Damien Hirst (1965), conocido por sus enormes urnas de formol en las que conserva vacas, terneras y tiburones troceados. Gracias a la colaboración del espabilado galerista Jay Jopling y al apoyo incondicional de la Tate Gallery, que concedió a varios de sus protegidos el prestigioso Premio Turner, Saatchi ha conseguido lanzar en la escena internacional a una serie de jóvenes creadores, cuyas obras se han visto rodeadas por la provocación y el escándalo.

La primera obra de Hirst que despertó la atención de Saatchi fue *A Thousand years* (1990), que pudimos ver en el Reina Sofía el año 1994 en el contexto de la polémica colectiva «Cocido y crudo». La «escultura» consistía en una enorme caja de cristal, en cuyo interior una nube de moscas revoloteaba alrededor de una cabeza de vaca en descomposición. En 1995 Damien Hirst ganó el Premio Turner con la instalación *Mother and Child divided*, una obra que ya se había expuesto en la Bienal de Venecia de 1993 y en la que la vaca y la ternera conservadas en formol están partidas por la mitad, de tal manera que el visitante tenía el gusto —es un decir— de contemplar las entrañas de ambos animales.

Otro *enfant terrible* de la escudería Saatchi, Chris Ofili (1968), ganó el Turner en 1998 con una pintura-collage elaborada con excrementos de elefante que el jurado alabó «por su originalidad y energía y por el uso dinámico del color». Ese mismo año, Saatchi realizó una de sus operaciones más espectaculares, como recuerda Judith Benhamou-Huet en su libro *Art Business. Le marché de l'art ou l'art du marché*, publicado en 2001. El publicista había conseguido exponer en 1997 en la Royal Academy de Londres su propia colección dentro de la muestra «Sensation», compuesta esencialmente por obras de los famosos YBA, como Rachel Whiteread (1963), Tracy Emin (1963), Sam Taylor Wood (1967) y los hermanos Dinos y Jake Chapman (nacidos en 1962 y 1966 respectivamente). Creadores jóvenes, que en palabras de Norman Rosenthal, secretario de exposiciones de la Royal Academy, «no tienen ninguna pretensión. Son muy abiertos y describen perfectamente el mundo a través de su arte». La «estética» de todos ellos se acerca a la *trash culture* o cultura basura, exponente del mal gusto y de la chabacanería por excelencia. Esta tendencia, tan de moda desde la década de los años noventa, ha ido invadiendo todos los ámbitos de la creación, el cine, la literatura, el teatro y el arte, gracias a la complicidad y el apoyo de los medios de comunicación.

Una de las obras más promocionadas de «Sensation», firmada por Marcus Harvey, reproducía la fotografía policial de Myra Hindley, una conocida asesina de niños de la década de los sesenta. El artista había cubierto la imagen de la mujer con las huellas de las manos de decenas de niños. El día de la inauguración alguien arrojó sobre la obra tinta china y huevos. Después de restaurarlo, el cuadro se volvió a colgar, a pesar de las protestas de los familiares de las víctimas. El escándalo, que era lo que se pretendía, estaba ya servido y las críticas subsiguientes no hicieron más que agudizar la curiosidad del respetable. Todo un éxito, que Saachti supo aprovechar sacando a la venta en la sala Christie's londinense ciento treinta piezas de su colección. La suya fue una operación publicitaria perfecta, porque las obras doblaron su estimación inicial, alcanzando un total de 1,6 millones de libras.

Pero la aventura no se acaba aquí porque, siguiendo una estrategia bien planeada, la exposición «Sensation» viajó después a Berlín y más tarde al Museo de Brooklyn de Nueva York. Y otra vez volvió a repetirse el fenómeno. Un visitante, ofendido por uno de los cuadros de Chris Ofili, en el que aparecía la Virgen María adornada con excrementos de elefante, lo embadurnó con pintura. Nuevo escándalo y nuevo éxito. El alcalde Rudolph Giuliani amenazó con retirar la subvención al museo. Pero, como era de esperar, el revuelo mediático incrementó de tal manera la promoción de la muestra que hizo subir de forma vertiginosa la cotización de los artistas. El propio Ofili, que durante aquellos días tenía una exposición individual en la galería Gavin Brown's de Nueva York, vendió todas sus obras. ¡Menuda coincidencia! La polémica fue tan sonada que sacudió todo el estamento cultural de la ciudad, con opiniones enfrentadas. Por desgracia, este revuelo sólo sirvió para dar crédito a unas obras mediocres, tal y como reconoció el director del Metropolitan Museum, Philippe de Montebello, en un artículo publicado por *El Cultural*, en octubre de 1999.

No critico la sensibilidad del alcalde; sólo su empeño por censurar. Lo que sí lamento es que el alcalde haya dado una fama indebida a unos artistas que merecen permanecer en la oscuridad o en el olvido ... En el fondo, lo que me molesta terriblemente es que haya tanta gente, personas serias y sensibles, tan intimidada por los poderes establecidos del arte y por el miedo a ser tildada de filistea, que no se atreva a hablar en voz alta ni a expresar su desagrado ante unas obras que encuentra repulsivas o carentes de valor estético, o ambas cosas a la vez.

Lo único cierto es que habría que volver a recuperar la lucidez, el sentido crítico e incluso, diría yo, el sentido común, sin temor a que le tachen a uno de conservador o reaccionario. Todos sabemos que «la innovación en las artes exige forzar las fronteras de las normas estéticas y sociales, al reconfigurar lo que vemos y lo que sabemos», como escribió el director del MOMA, Glenn D. Lowry, en su defensa de los artistas de «Sensation». Pero como sugiere Anthony Julius: «... la estética transgresora está ya agotándose ... y ahora mismo ocupa su lugar, sólo como ocupante ilegal, el pseudovanguardismo de cierto tipo de artista joven que únicamente busca llamar la atención».

Y así es como se confunde cada vez más lo auténticamente transgresor con la provocación gratuita y la nulidad, legitimadas por un mercado enloquecido. Sirva de ejemplo el valor astronómico que han alcanzado algunas obras tan aparatosas e inconsistentes como las de Damien Hirst, que pasan del millón de dólares, o las del joven italiano Maurizio Cattelan (1960), cuya estrambótica instalación *La Nona Ora* (1999) alcanzó en Christie's el año 2001 los 886.000 dólares. Todas estas ventas no son fruto del azar, sino de estrategias perfectamente planificadas. *La Nona Ora*, que representa la figura del Papa aplastado debajo de un meteorito, ya había sido objeto de una fuerte promoción, al incluirse en la polémica muestra «Apocalipsis» organizada también por la Royal Academy de Londres el año 2000. Con este historial, Christie's no tuvo reparos en reproducirla en la portada de su catálogo de subastas de mayo de 2001, donde anunciaba a bombo y platillo que la obra iba a ser expuesta en la Bienal de Venecia de ese mismo año. Otro valor añadido para hacer subir su cotización.

Y la estratagema volvió a triunfar, porque, como todos sabemos, existe entre determinados coleccionistas una especie de esnobismo o de rivalidad por poseer piezas convertidas en fetiches, que arrastran tras ellas el aroma del escándalo. De esta manera, desde los tiempos de Andy Warhol, la banalización del arte no ha hecho más que intensificarse... y el espectáculo continúa.

Ahora mismo, mientras escribo estas líneas, los hermanos Jake y Dinos Chapman, que definen su trabajo como «una escatología para miradas cansadas», han sido nominados para el próximo Premio Turner, dotado con veintiocho mil euros. Y la noticia se publica un mes después de que estos chicos escandalizaran de nuevo con su obra *Insulto a los heridos*, presentada en el Museo de Arte Moderno de Oxford. Se trata nada menos que de una edición de los grabados *Los desastres de la guerra*, de Goya, sobre los cuales los atrevidos hermanos no han dudado en pintarrajear payasos, monigotes, perros y soldados nazis. La mayoría de los periódicos abrieron sus secciones de cultura con la última gamberrada de los «muchachos» de Saatchi, que explicaban satisfechos que habían comprado la serie por cuarenta mil euros y ahora, después de su intervención, la habían vendido por doscientos cuarenta mil a un coleccionista japonés...

En este contexto uno se pregunta si el arte, en lugar de ir a remolque del mercado y de la tecnología para reproducir los aspectos más obtusos de la realidad, no debería ser un espacio para la reflexión y para el distanciamiento y, por qué no decirlo, también para la evasión. Después de tantos años de negarse a sí mismo o de confundirse con otras disciplinas, el arte quizá podría intentar recuperar su autonomía, convirtiéndose otra vez en ese lugar privilegiado desde el que podemos ver el mundo con una óptica distinta a la de la sociedad mercantilista e hipertecnológica en la que vivimos. Pero para esto es necesario arriesgarse por vías solitarias, como lo hicieron Bacon, Twombly, Balthus y Tàpies, por citar a cuatro de los artistas que han dominado la creación de la segunda mitad del siglo XX, sin dejarse contaminar por las modas. Con estos ejemplos no pretendo insinuar que hay que volver a la pintura, porque la pintura, el dibujo o el vídeo son ahora mismo lenguajes igualmente válidos, siempre y cuando tengamos algo que decir.

Lo que resulta preocupante es que la creación plástica de las últimas décadas ha ido perdiendo su capacidad de sorprender, de conmover o de hacer vibrar la fibra sensible del espectador.

Muchas de las obras que vemos en los museos y exposiciones no enriquecen nuestra percepción del mundo y resultan incluso tediosas, ya sea por su trivialidad o por su pretensión teórica. Para algunos *curators* y comisarios que mandan en la escena internacional, el artista ya no es un visionario, sino un fabricante de productos de consumo lujoso, destinados a un público más cercano al sensacionalismo que a la reflexión intelectual. Es por tanto posible que la desacralización del arte haya llegado a su límite. Entonces, ¿por qué no reivindicar su carácter sublime, en contraposición al materialismo imperante en nuestra sociedad?

Por ahí, quizá, podría ir el lema de la próxima moda artística. *Chi lo sa!*

Barcelona, 15 de julio de 2003

Y LA DERIVA CONTINÚA...

En el epílogo que cerraba la primera edición de este ensayo lanzábamos un alegato a favor de un arte que tal vez pueda recuperar su aura y su carácter sublime como contrapunto a los embates de una sociedad materialista, donde la mediocridad y la vulgaridad, ahora ampliadas por las redes sociales, triunfan por doquier. En este contexto, el arte actual podría ser sino un refugio, un espacio de libertad donde reencontrarse con el conocimiento, la emoción sensible, la espiritualidad y el poder de la imaginación. Vana esperanza. Hace años que impera lo que se llama «el sistema del arte», en el que es el mercado el que dicta las tendencias e incide directamente en la propia creación en función de intereses, a menudo ajenos a su esencia. Y en cuanto a la crítica, si no es cómplice de dicho sistema, se ha vuelto casi inocua frente a las estrategias de marketing y de publicidad orquestadas por las casas de subastas y por galeristas influyentes.

Muchos creadores (no todos, por suerte) se dejan influir por este contexto para intentar encajar en este «sistema», que tiene sus normas, su discurso y sus propios valores. Como ya advertíamos en los capítulos anteriores, gran parte del arte actual difundido en la escena internacional sigue buscando lo espectacular, la provocación y los golpes de efecto supuestamente transgresores.

En 2017, Jeff Koons protagonizó una operación de marketing que tuvo una enorme repercusión mediática. En colaboración con la marca Louis Vuitton realizó una serie de bolsos con la reproducción de obras de grandes maestros, entre ellas *La Gioconda* de Leonardo da Vinci. Para la presentación en sociedad de esta «novedad», el magnate del lujo y dueño de Vuitton, Bernard Arnault, organizó una cena de gala en el Museo del Louvre en la misma sala que alberga *La Gioconda*. Un hecho absolutamente inédito y polémico, porque incluso podía contravenir las normas de conservación de las obras de arte... Pero, por lo visto, el poder del dinero pasa por encima de cualquier consideración. Y, además, ¿quién iba a negarse a colaborar con un artista como Jeff Koons, con un largo historial de éxitos y que en 2013 batió su propio récord de cotización? Uno de los cinco ejemplares de su escultura *Balloon Dog* fue vendido por Christie's en Nueva York por 58,4 millones de dólares (unos 50 millones de euros), lo que le convirtió entonces en el artista vivo más caro del mundo. Un año después, el Centre Pompidou de París «consagraba» la carrera del artista con una gran retrospectiva de sus obras, las cuales, según algunos, más bien parecen unos simples *bibelots kitsch*. Pero volviendo a la colección Vuitton, la asociación de un icono de la historia del arte con algo tan trivial como un bolso fue para Koons una forma de «transgresión», utilizada de manera muy hábil con fines puramente comerciales. Pero parece que en esta operación todos ganan: el artista, el empresario y tal vez el museo, que cobra *royalties* por la reproducción del cuadro.

El arte convertido en un sector de la industria del lujo es una deriva que el pensador francés y miembro de la Academia Francesa Marc Fumaroli (1932-2020) deploraba en su apasionante libro *París-Nueva-York-París. Viaje al mundo de las artes y de las imágenes*, donde lamenta esta evolución que ha contribuido a devaluar la creación contemporánea. Los nuevos millonarios están dispuestos a gastar sumas considerables para adquirir una obra fetiche del artista de moda, cuya posesión refuerza su estatus social y les permite formar parte de este reducido cenáculo de privilegiados que recibe invitaciones especiales a ferias y bienales. En la prensa, los comentarios sobre la inauguración de estos eventos, acompañados de fiestas exclusivas, ocupan más páginas que el análisis de las obras que allí se exhiben. Lean si no el polémico libro *Bloody Miami* (2013), en el que Tom Wolfe ironiza sobre este mundo de coleccionistas vip que acuden a la feria Art Basel Miami Beach, cita ineludible de la llamada *beautiful people*. Aunque hay que reconocer que esta feria creada en 2002 como punto de encuentro del mercado estadounidense y latinoamericano ha propiciado la aparición de importantes fundaciones y museos privados, como el Rubell Museum y la Margulies Collection, dedicados al arte contemporáneo. En su novela, Tom Wolfe describe esta «comedia humana» de forma caricaturesca y pone de manifiesto con gran lucidez la deriva de la cultura hacia la sociedad del espectáculo, en la que prevalecen la frivolidad y el sensacionalismo.

A esta moda se prestan artistas sin complejos como el japonés Takashi Murakami (que también diseñó bolsos para Vuitton) o el británico Damien Hirst, artista-mánager bien conocido por sus provocaciones y sus estrategias de marketing. En 2008, una semana antes del hundimiento de Lehman Brothers, en una operación sin precedentes en el arte contemporáneo, Hirst decidió sacar a subasta de manera directa en Sotheby's de Londres 223 obras suyas cuya venta estimada ascendía inicialmente a unos 80 millones de dólares y que alcanzó al final los 200 millones de dólares. En 2012 la poderosa Gagosian Gallery, con sedes en Nueva York, Los Ángeles, París, Londres, Roma, Atenas, Ginebra y Hong Kong, presentó a escala mundial su serie completa de *Spot Paintings*, realizada entre 1986 y 2011. El golpe de efecto consistía en exhibir la misma muestra de manera simultánea en todas las sucursales de Gagosian Gallery e inaugurarlas el mismo día a fin de conseguir el mayor ruido mediático posible. La exposición reunía trescientas pinturas de distintos formatos, cubiertas todas ellas por lunares de colores de diferentes diámetros, algunos del tamaño de un guisante. Unas obras sin mayor trascendencia, planificadas por Hirst, pero elaboradas por sus numerosos asistentes. El catálogo contaba, entre otros, con un texto de Ann Temkin, entonces conservadora del departamento de pintura y escultura en el Museum of Modern Art (MOMA) de Nueva York, y en la nota de prensa se anunciaba la próxima apertura de la mayor retrospectiva de su trabajo en la Tate Modern de Londres en abril de 2012. Sin duda una publicidad bien orquestada que una vez más ponía de manifiesto los lazos entre el museo y el mercado del arte.

Por otro lado, frente a esta avalancha de obras sin sustancia promovidas a bombo y platillo en la escena internacional, otros artistas optan por emprender un camino menos frívolo y más comprometido con la realidad de su tiempo. Con sus obras pretenden alertar al público de determinadas problemáticas que afectan a la socie dad actual. Se trata de un aspecto muy importante en el contexto del arte contemporáneo, el cual incluye también algunas figuras estrella. Es el caso del chino Ai Weiwei (Pekín, 1957), artista omnipresente en los medios de comunicación y en los circuitos internacionales del arte. Invitado en la Bienal de Venecia de 1999, saltó a la fama a principios de la década de 2000 por su participación en el proyecto del estadio olímpico de Pekín, conocido como «Nido de Pájaro». Más que artista, Ai Weiwei, que vivió en Estados Unidos entre 1981 y 1993, ha conseguido imponerse como el disidente chino por excelencia mediante acciones polémicas en defensa de la libertad en su país; además, el uso de las redes sociales a través de sus blogs le han valido varios encontronazos con la censura china. Numerosos museos occidentales le han dedicado exposiciones para mostrar fotografías y vídeos de sus performances, aparte de instalaciones realizadas *in situ*, que no siempre resultan pertinentes desde el punto de vista de sus contenidos.

Para su participación en la Documenta de Kassel en 2007, se le ocurrió repartir por las diferentes sedes de la exposición 1.001 sillas de madera de la dinastía Quing (1644-1911), como referencia a los 1.001 chinos que había invitado a visitar la ciudad alemana y que finalmente no habían podido acudir a la cita por problemas ajenos al arte. Esta intervención, titulada *Fairytale* («Cuento de hadas»), acabó siendo absolutamente irrelevante porque, como ocurre a menudo con la obra de Ai Weiwei, padece de inconsistencia y no se sustenta en un discurso intelectual sólido y argumentado. El crítico francés Nicolas Bourriaud se lo reprochaba en un artículo en la revista *Beaux Arts* (octubre de 2018, núm. 412) titulado «Ai Weiwei ou la défaite de la pensée» («Ai Weiwei o la derrota del pensamiento»). Lo considera como el producto de «una fabricación mediática» y denuncia, entre otras cosas, «la ausencia de historicidad en su producción: parece que el arte empieza con él y sólo sabe dialogar con el mundo mediante selfis», escribe. Incluso lo acusa de cinismo, como cuando en 2016 Ai Weiwei quiso rendir homenaje al niño migrante que había aparecido ahogado en una playa del Mediterráneo un año antes y reconstruyó el drama en una fotografía de sí mismo en una playa de Lesbos. Esta imagen dio la vuelta al mundo a través de las redes sociales, sin duda para mayor gloria de su autor.

En otro registro, Bansky ha desarrollado una estrategia muy diferente para alcanzar la fama mundial y convertirse en uno de los artistas faros del *street art*. Bansky es un creador excepcional, en el sentido de que ha conseguido un reconocimiento a escala internacional sin que se haya revelado su identidad. Nadie lo ha visto; se esconde tras el anonimato más absoluto; ni siquiera concede entrevistas por teléfono y tan sólo ha contestado por correo electrónico a algunos periodistas. Artista callejero, Bansky pinta sin permiso de nadie murales sobre las paredes de grandes edificios en ciudades de todo el mundo. Así apareció en Bristol (tal vez su ciudad natal), Londres, Los Ángeles y París, entre otras. En sus frescos, a menudo de contenido sociopolítico, va dejando testimonios de su humor corrosivo, con los que sorprende al público, que al final, acaba saliendo en defensa de sus grafitis, hasta el punto de impedir su destrucción. Y fue así como el llamado *street art* empezó a cotizarse, y mucho, en el mercado del arte. El *graffiti* se convirtió en un nuevo género artístico, con coleccionistas y exposiciones especializadas, como la que organizó en 2015 la Fundación Cartier en París y que se tituló *Born in the Streets-Graffiti*. Bansky sabe manejar muy bien los resortes de la publicidad y del mercado. En 2002, realizó uno de sus murales más conocidos, *Girl with a Balloon*, que representa a una niña que hace volar un globo en forma de corazón. Utilizó esta misma imagen en otros murales en 2014 para apoyar a los refugiados sirios y en 2018 vendió otra versión que, en el momento de ser subastada por 1.042.000 libras por Sotheby's en Londres, se autodestruyó delante del público mediante un mecanismo escondido en el marco de la pintura. Toda una sorpresa, porque era una obra creada en directo y, por supuesto, la noticia dio la vuelta al mundo. Bansky se mueve entre cierta frivolidad y la voluntad de mostrar su sensibilidad hacia temas de actualidad, como se puede observar en el vídeo que difundió en Instagram en el que se ven varios murales suyos realizados en las ruinas de diferentes ciudades ucranianas.

El vídeo sigue siendo un recurso cada vez más extendido en el arte contemporáneo, con sus coleccionistas, sus festivales y sus ferias específicas, como Loop Fair, creada en Barcelona el año 2003. A lo largo de estos veinte últimos años, nos hemos encontrado con una producción de obras de una extrema diversidad, entre ellas muchas películas tediosas, y una gran abundancia de documentales de carácter sociológico o político que, edición tras edición, están omnipresentes tanto en la Documenta como en las bienales de Venecia, Lyon o Estambul, por citar las más conocidas.

En 2019, el norteamericano Arthur Jafa (Tupelo, Mississippi, 1960) ganó el León de Oro de la Bienal de Venecia con el vídeo *The White Album* (2019), dedicado a los conflictos raciales, una cinta bastante aburrida de cincuenta minutos que apenas cautivó a los visitantes, quienes no aguantaban más de diez minutos en la sala de proyección. El videoarte, por supuesto, tiene también sus grandes estrellas, como la veterana Joan Jonas (Nueva York, 1936), seis veces seleccionada en la Documenta de Kassel desde 1972 y autora de videoinstalaciones bastante complejas y herméticas en las que mezcla cine y performance; o Douglas Gordon (Glasgow, 1966), que formó parte de los Young British Artists en los noventa y ahora pertenece a la escudería de Larry Gagosian. Representado en los museos más importantes del mundo, Gordon ya alcanzó la fama con su obra *24 Hour Psycho* (1996), realizada mediante la manipulación de la película *Psicosis* (1960) de Alfred Hitchcock. La apropiación de obras de directores de cine célebres es un recurso muy frecuente en numerosos videoartistas, que intentan así llamar la atención con resultados desiguales.

Pero hay algunas excepciones brillantes, como lo que consiguió Christian Marclay (San Rafael, California, 1953) con *The Clock* (2010), una creación muy inteligente e imaginativa realizada a partir de múltiples secuencias de películas de la historia del cine que indican la hora. Esta obra, galardonada con un merecido León de Oro en la Bienal de Venecia de 2011, consiste en un montaje ingenioso que funciona a lo largo de veinticuatro horas como un reloj, con la particularidad de que las imágenes coinciden en tiempo real con la hora exacta del lugar donde se exhiben.

La idea del tiempo es también la obsesión del sudafricano William Kentridge, que de nuevo participó en la Documenta de Kassel en 2012, esta vez con una instalación llena de significado titulada *The Refusal of Time*. Fiel a su estética, Kentridge escenificó una reflexión sobre el paso el tiempo desde la era industrial, partiendo de sus inconfundibles dibujos de figuras humanas, proyectadas en una suerte de baile continuo alrededor del espectador, sorprendido por el sonido regular de un inmenso metrónomo. La originalidad de este artista reside en el hecho de que la tecnología es para él una simple herramienta al servicio de su trabajo eminentemente artesano, basado en el dibujo, y al que otorga todo el protagonismo, algo que en el contexto actual lo define como una figura de excepción.

Porque, efectivamente, el uso de las nuevas tecnologías y el desarrollo del arte digital se han intensificado de manera exponencial con propuestas de muy diversa naturaleza que a menudo se alejan de la creación artística propiamente dicha. Como ya advertíamos en capítulos anteriores, muchos se dejan deslumbrar por la sofisticación de los medios a su disposición y son muy pocos aquellos creadores que realizan obras significativas, tanto desde el punto de vista intelectual como estético. En este sentido, conviene recordar la interesante carrera del español Daniel Canogar, que no ha parado de experimentar con el arte digital llevando a cabo obras de diferentes formatos e intervenciones públicas de gran impacto. Éste es el caso de *Storming Time Square* (2014), un gigantesco espectáculo multimedia en pleno centro de Nueva York en el que invitó al público a participar. Desde sus inicios y hasta la actualidad, Canogar ha procurado, con éxito, compaginar su interés por los efectos estéticos de sus creaciones con una reflexión lúcida y crítica sobre el uso de los *new media*, como por ejemplo el problema de la acumulación de la basura tecnológica o la rápida obsolescencia de ciertos dispositivos para archivar que hace peligrar la preservación de la memoria colectiva.

La búsqueda de lo bello y del «humanismo tecnológico» es algo que el francés Miguel Chevalier (Ciudad de México, 1959) persigue desde hace más de cuarenta años mediante el trabajo con complejos logaritmos para crear obras de arte digital que se exponen en galerías y en espacios públicos de todo el mundo. Reflexiona sobre la inmaterialidad del arte y la relación entre artificio y naturaleza, inventando formas que se metamorfosean hasta el infinito con sugerentes efectos estéticos. Así nacieron sus series de *Jardines virtuales*, *Flores fractales* y sus *Alfombras mágicas*, que se exhibieron en el Matadero en el marco del Festival Internacional de Luz de Madrid de 2021.

En la reciente historia del videoarte no podemos dejar de mencionar la intervención que el director de cine y excelente dibujante Peter Greenaway (Newport, Reino Unido, 1942) realizó para la Bienal de Venecia de 2009, en el majestuoso refectorio del monasterio benedictino de San Giorgio Maggiore, construido por Andrea Palladio en 1561. Titulado *The Wedding at Cana by Paolo Veronese. A Vision by Peter Greenaway*, este proyecto multimedia es único en su género. En el mismo lugar que ocupaba el célebre cuadro *Las bodas de Caná* (1563), hoy expuesto en el Museo del Louvre, Greenaway instaló una reproducción exacta de la pintura a tamaño del original (6,69 × 9,90 metros) a partir de la cual ofrecía una interpretación visual y sensorial del banquete nupcial. Durante cincuenta minutos los visitantes asistían a un espectáculo fuera de lo común: de repente, en mitad del silencio del refectorio, veíamos cómo decenas de personajes representados en el lienzo con sus suntuosos vestidos, pintados con exquisito refinamiento por Veronese, salían del cuadro y se ponían a charlar y a contar historias en veneciano. Se oían también las voces de otros protagonistas surgidos de las ventanas laterales mientras sonaban fragmentos de música barroca. Era como encontrarse inmerso en la brillante atmósfera de una fiesta del Renacimiento en la que confluían arte, belleza y creatividad. No olvidemos que Peter Greenaway, gran conocedor de la historia del arte, soñaba con el cine en tres dimensiones y allí pareció haberlo puesto en práctica de manera magistral mediante un sofisticado montaje tecnológico de imágenes, luces, sonidos y música que de verdad encandilaba al espectador. Una obra total, absolutamente innovadora y original que supera incluso al maestro del videoarte Bill Viola, cuando en 2005 deslumbró al público con su impactante *Ascensión de Tristán*, creada como parte de la escenografía de la ópera *Tristán e Isolda* de Richard Wagner.

Las obras que acabamos de comentar no tienen nada que ver con la última moda de las exposiciones inmersivas, que tanto éxito de público cosechan a lo largo y ancho del mundo, abriendo nuevas perspectivas para la difusión y también para el negocio del arte. Se han inaugurado incluso centros específicos como MAD (Madrid Artes Digitales) o Ideal en Barcelona, dedicados a la experimentación y a la creación de estas grandes muestras virtuales. Fruto de la reciente evolución de las nuevas tecnologías, estas manifestaciones invitan al espectador a sumergirse en un cuadro expandido de maestros de la pintura como Van Gogh, Monet o Klimt. Los visitantes pueden deambular por el interior de *Los girasoles* de Van Gogh o caminar virtualmente sobre los estanques de nenúfares de Claude Monet. Se trata de una experiencia lúdica y multisensorial que al final ofrece una visión distorsionada del trabajo de los artistas, alejada de su verdadera esencia; pero su éxito arrollador es sin duda el reflejo de esta cultura del entretenimiento tan extendida en la sociedad actual. ¡Hasta el Museo del Louvre ha permitido crear una exposición inmersiva a partir del cuadro de *La Gioconda* de Leonardo da Vinci!

Pero, como se dice comúnmente, «no se puede detener el progreso» y los avances cada vez más acelerados de la tecnología digital contribuyen a revolucionar ciertos aspectos de las prácticas artísticas. Hace tiempo ya que numerosos creadores llevan realizando obras que sólo existen en internet, el llamado «net art», y que ahora se difunden en Instagram o en YouTube. Se venden en forma de archivos acompañados de un simple documento que supuestamente acredita su autenticidad, y así sus autores intentan escapar del circuito comercial de las galerías. Pero la tecnología ha ido más allá con la aparición de los NFT, un sofisticado sistema que permite certificar la originalidad de una creación digital e impide que sea pirateada. De esta manera se garantiza la propiedad exclusiva al coleccionista que adquiere la obra pagando con criptomonedas. En 2021, los NFT fueron la gran novedad del mercado del arte con la venta en Christie's por 69 millones de dólares de *Everydays: The First 5000 Days* (una suerte de mosaico de cinco mil imágenes) de Beeple, seudónimo del norteamericano Mike Winkelmann. Una cifra récord que en parte se explicaba entonces por las desorbitadas cotizaciones de las criptomonedas, muy comentadas en la prensa y en las redes sociales. Tal vez se trate de un fenómeno pasajero, aunque el interés por los NFT ha llegado a museos como el Centre Pompidou de París, que en 2021 adquirió algunas obras de arte digital con este sistema en mitad de cierta controversia, porque su incorporación al patrimonio nacional se consideraba en ese momento de escaso interés. Otras prestigiosas instituciones como el British Museum o la Galería de los Uffizi en Florencia han optado por vender copias digitales de algunas de sus obras maestras en NFT como unos *bibelots* o *souvenirs* más, sin duda una manera de incrementar sus ingresos.

Ahora mismo, los NFT han entrado de lleno en el mercado del arte, siempre ávido de novedades, como se vio en noviembre de 2023 en la feria Paris Photo, que por primera vez introdujo una sección dedicada al arte digital. Sin embargo, se habla mucho de transacciones y de las ventas de estas obras a precios astronómicos, pero se comenta poco sus contenidos, que por lo general son manipulaciones de imágenes sintéticas mezcladas con otras procedentes de la realidad o generadas por inteligencia artificial.

Pero, en el contexto de la creación artística, la tecnología no lo es todo, ni mucho menos, y los resultados, si bien llaman la atención de los medios de comunicación, no siempre parecen convincentes. Por poner un ejemplo, si nos fijamos en las obras de WhIsBe o de PAK (dos conocidos artistas callejeros escondidos tras el anonimato) que podemos descubrir en museos como el Moco Museum, con sede en Ámsterdam y en Barcelona, nos damos cuenta de que estas creaciones no pasan de ser imágenes banales de fácil lectura y sin trascendencia alguna. De WhIsBe, famoso por su osito *Vandal Gummy* («Gominola gamberra») en formato de escultura y en versión NFT, se puede leer en la página web del Moco que «su trabajo es inocuo y dulce e introduce también temas sustanciales de análisis y subversión cultural...». Y el mismo comentario se podría aplicar a la obra *The Merge* de PAK, que se vendió en 2021 por 92 millones de dólares aportados por 28.984 coleccionistas.

El Moco Museum, institución de carácter privado, alberga obras de artistas mediáticos como Bansky, Yayoi Kusama, Damien Hirst, Keith Haring y Jean-Michel Basquiat, entre otros. Sus promotores se enorgullecen por ser pioneros en la difusión del arte digital, pues presentan un NFT de Beeple, varias instalaciones inmersivas y algunos ejemplos de creaciones generadas por inteligencia artificial. Una oferta que atrae a miles de visitantes, especialmente jóvenes curiosos por ver en directo las obras de los artistas que han descubierto en las redes sociales y por vivir experiencias lúdicas y sensoriales. En este sentido, el éxito del Moco constituye un ejemplo paradigmático de la cultura del espectáculo, una tendencia generalizada que no siempre coincide con la CULTURA en mayúsculas.

Pero estas circunstancias son los signos de nuestro tiempo, en los que el desarrollo de la inteligencia artificial se impone ahora mismo como una cuestión primordial, una especie de vértigo que afecta a todos los ámbitos de la sociedad en un inquietante proceso de deshumanización y que, por supuesto, alcanza también el universo de la creación artística.

El recurso a la inteligencia artificial parece ayudar a fabricar prodigios que permiten concebir «obras de arte» a la carta que pueden fascinar o bien producir un rechazo frontal. En 2023, para sustituir temporalmente una de sus obras maestras, *La joven de la perla* –prestada al Rijksmuseum de Ámsterdam para la exposición *Vermeer*-, el Mauritshuis de La Haya expuso cinco interpretaciones digitales de la famosa pintura seleccionadas previo concurso, entre ellas la versión de Julian Van Dieken, la cual, con su apariencia fría e hiperrealista, suscitó vivas protestas y escandalizó al público por considerarla casi un sacrilegio.

Sin embargo, es inevitable preguntarse si la inteligencia artificial puede competir con los artistas o incluso llegar a superar su capacidad creativa. Esto tal vez lo dirá el futuro, pero por el momento abre un nuevo campo de experimentación que plantea cuestiones sobre el propio estatuto del artista y los límites del arte. La inteligencia artificial ya tiene sus estrellas, como el turco-norteamericano Refik Anadol (1985), cuya obra *Machine Hallucinations. Rêves de nature* se ha visto en formato NFT en el Centre Pompidou-Metz en 2022; en Barcelona expuso en el Moco y en 2023 realizó en la fachada de la Casa Batlló el proyecto titulado *Living Architecture* para conmemorar los cien años del Paseo de Gracia. De hecho, ya existe un festival específico dedicado a obras realizadas mediante inteligencia artificial, el Palais Augmenté, creado en París en 2021 y que celebró su tercera edición en 2023. Aparecen incluso museos que sólo existen en la red, como el Museo Virtual MUV impulsado desde Galicia por la Fundación María José Jove en 2020; se trata de una plataforma dedicada a difundir el arte y la cultura en el ámbito virtual, abierta «a nuevas formas de incidir en la investigación, la comunicación y en la transferencia del conocimiento a través de la práctica artística», tal y como se define en su página web. Anteriormente, en 2007, se creó en Gijón en un edificio de nueva planta, LABoral, un centro de arte con un programa inicialmente orientado hacia las nuevas tecnologías.

Conviene recordar que, a lo largo de las dos últimas décadas, los museos de arte contemporáneo han seguido experimentando un desarrollo extraordinario en todo el mundo. Por citar sólo unos cuantos ejemplos: la ampliación en Madrid del Museo Nacional Centro de Arte Reina Sofía (MNCARS) con el edificio que Jean Nouvel concluyó en 2005; el Museo Nacional de Arte del Siglo XXI (MAXXI) diseñado por Zaha Hadid en Roma abrió sus puertas en 2010; el Centre Pompidou de París creó dos nuevas sucursales: el Centre Pompidou-Metz en 2010 y el Centre Pompidou-Málaga en 2015, y el MOMA de Nueva York acometió dos ampliaciones en 2004 y 2021.

En todos estos años hemos observado cambios profundos en la manera de presentar las colecciones, debido a la voluntad de sus responsables de mostrar las obras ya no con un criterio estrictamente cronológico, sino mediante propuestas temáticas e interdisciplinarias. Con un proyecto pionero, en 2005, el Centre Pompidou de París organizó *Big-Bang: Destrucción y creación en el arte del siglo XX*, una nueva visión de su colección que asociaba a la vez las artes plásticas, la fotografía, el cine, el vídeo, la arquitectura, el diseño y la literatura, ofreciendo una percepción diferente de los fenómenos culturales y artísticos del siglo XX. En 2009, el museo parisino renovó otra vez la presentación de su colección, con una propuesta centrada en exclusiva en obras de mujeres artistas. Según sus responsables, esta exposición, titulada *elles@centrepompidou*, no respondía a un criterio «ni femenino ni feminista», simplemente pretendía abordar el lugar de las mujeres en la historia del arte y rendir homenaje a grandes figuras artísticas olvidadas. Pero la verdadera «revolución» tuvo lugar en 2013, cuando la historiadora del arte Catherine Grenier reorganizó la colección del Centre Pompidou a partir de una relectura de la historia del arte del siglo XX. Una historia considerada demasiado parcial y obsoleta porque se centraba en el arte occidental, con el predominio de Europa y Estados Unidos. Una visión sesgada que no tenía en cuenta la aportación de creadores latinoamericanos, asiáticos, árabes y africanos. Según Catherine Grenier, «en el contexto de la poscolonización y de la mundialización convenía tomar consciencia de esta injusticia» y de la necesidad de reescribir el relato de la historia del arte, que debe ser «plural», tal y como aseguraba en una entrevista en el semanario *L'Express* (núm. 3252, octubre de 2013).

Estas exposiciones, sin duda muy interesantes, propiciaron un cambio de paradigma en los museos, que han incorporado a sus colecciones a creadores de los cinco continentes y han multiplicado las exhibiciones dedicadas a mujeres artistas, algunas muy pertinentes y necesarias, como la muestra *Mujeres de la abstracción*, presentada en el Centre Pompidou de París y en el Museo Guggenheim de Bilbao en 2021. En esta exposición, que reunía a ciento diez artistas, hay que destacar la presencia de dos precursoras que han cuestionado los orígenes de la abstracción: la inglesa Georgiana Houghton (1814-1884), autora de dibujos espiritistas realizados entre 1865 y 1872, semejantes a la escritura automática de los surrealistas, y, por supuesto, la pintora sueca Hilma Af Klint (1862-1944), que había prohibido la difusión de su obra hasta veinte años después de su muerte y cuyo reciente «descubrimiento» reveló su aportación fundamental a la historia como pionera de la abstracción, un lenguaje que para ella era una «manifestación natural del espíritu». Con su extraordinaria serie *Paintings for the Temple* (1906-1912), en la que desarrolló una compleja iconografía basada en el estudio de formas geométricas, Hilma Af Klint se anticipó claramente a los experimentos de Frantisek Kupka, Vasili Kandinski y de Piet Mondrian, artistas que, en su búsqueda de la abstracción, compartían con ella el mismo interés por la teosofía.

A tenor de nuevas investigaciones historiográficas en los últimos años, se han podido recuperar a figuras olvidadas como Anni Albers (1899-1994), Emma Kunz (1892-1963), Etel Adnan (1925-2021) y Lee Krasner (1908-1984), entre otras, y se ha dado visibilidad a obras que han enriquecido e incluso corregido el curso de la historia del arte.

Por otra parte, esta evolución ha coincidido con una ola neofeminista que, más allá de las legítimas reivindicaciones, ha tomado el aspecto de una verdadera cruzada en defensa de la igualdad de las mujeres en todos los ámbitos de la sociedad. Un fenómeno que se refleja en la propia creación artística y que se ha convertido en un tema recurrente. En la década anterior, el interés de muchos artistas se había fijado en la imagen del cuerpo humano, visto desde una perspectiva bastante negativa, con referencias a la enfermedad y a la degradación física o a los fluidos corporales, rozando en algunos casos la escatología en un intento, sin duda irrisorio, de superar todas las transgresiones, tal y como señalábamos en capítulos anteriores.

Ahora, bajo la presión de un feminismo radical espoleado por las redes sociales con la irrupción del #MeToo en 2017 y la creciente influencia de los colectivos LGTBIQ+, han proliferado las obras centradas en las cuestiones de género y en la «deconstrucción» de la identidad sexual. Una nueva deriva que ha dado lugar a algunas creaciones de dudoso interés para denunciar las discriminaciones que supuestamente se pretende combatir. Es el caso de la artista Itziar Okariz (San Sebastián, 1965), que presentó en el pabellón de España en la Bienal de Venecia de 2019 un vídeo de su serie titulada *Mear en espacios públicos o privados* (2000-2006), en el que se veía a una mujer meando de pie. Proyectado en bucle, el *film* «cuestionaba el uso de las convenciones de género y la performance de la masculinidad a partir de una elaboración de un imaginario feminista y *queer*», tal y como se explicaba en el folleto de mano.

Al margen de este tipo de performances que se olvidan pronto, estas cuestiones están a la orden del día en las grandes manifestaciones artísticas y en la programación de los museos. En 2021, la recuperación de la pintora norteamericana Alice Neel (1900-1984), con importantes retrospectivas en el Metropolitan Museum de Nueva York, el Guggenheim de Bilbao y el Centre Pompidou de París, no se debía tanto a sus cuadros, caracterizados por una figuración bastante banal, como a su condición de «icono del feminismo militante, cuyos retratos de mujeres se alejan del canon de belleza clásica creado por la mirada masculina», según se leía en la presentación de la muestra parisina.

Se trata de una corriente internacional muy extendida, que alcanzó uno de sus momentos álgidos en la exposición central de la Bienal de Venecia de 2022, dirigida por Cecilia Alemani. Aquella vez, las mujeres tuvieron su revancha, ya que representaban el 80 % de los 213 artistas seleccionados. La directora había optado por una decisión radical con el fin de «dar visibilidad a creadoras procedentes de regiones y países habitualmente poco representados en las grandes manifestaciones internacionales». Y recordaba en su texto de presentación que, «por primera vez en sus 127 años de historia, la bienal incluía una mayoría de mujeres, una elección que cuestiona de forma deliberada la centralidad del hombre en la historia del arte y de la cultura contemporánea». Alemani insistía en presentar obras de artistas que rechazan la visión «etnocéntrica» y «patriarcal» del arte, especialmente la del «varón blanco europeo». De ahí la presencia de creadoras que centraban su trabajo en cuestiones de género o en la evocación de estereotipos derivados del colonialismo y de los años de dominación occidental, reivindicando sin complejos sus tradiciones y sus orígenes.

Este planteamiento, cargado de buenas intenciones, resulta sin duda muy noble y plenamente justificado después de años, o mejor dicho siglos, de marginación. Sin embargo, cierta tendencia a la radicalización de estas posturas bajo la influencia de un feminismo intransigente, de la cultura *woke* y de movimientos antirracistas como Black Lives Matter, que se erige en el guardián de los derechos de las mujeres y de las minorías raciales y sexuales, hace correr el riesgo de ofrecer una visión sesgada de la creación contemporánea, en la que los argumentos políticos o ideológicos acaban prevaleciendo sobre los criterios artísticos.

Esta deriva, muy extendida hoy en día, planeaba en muchas de las obras seleccionadas por Cecilia Alemani, con algunas excepciones notables, como la intervención en el pabellón de Polonia de Malgorzata Mirga-Tas, que realizó la extraordinaria instalación textil *Re-enchanting the World* (2022), que cubría la totalidad de las paredes del edificio con un inmenso *patchwork* elaborado con fragmentos de telas cosidas y bordadas a mano; en esta obra singular, la artista polaca narraba la vida del pueblo rom siguiendo el modelo de los frescos renacentistas del palacio Schifanoia, en Ferrara. Un proyecto brillante cuya simple visión transmitía un profundo impacto. Hay que mencionar también las grandes telas, aparentemente abstractas, de la norteamericana Jacqueline Humphries (Nueva Orleans, 1960), que consigue crear en la superficie del lienzo una sensación de gran dinamismo mediante la repetición hasta el infinito de signos y pixeles del mundo digital. Un ejemplo muy interesante porque de alguna manera reafirma la actualidad de la pintura, que aquí se renueva mediante una sabia síntesis entre elementos tecnológicos y una práctica artesana de tradición milenaria. En este sentido, habría que citar también las obras sutiles de la chilena Sandra Vásquez de la Horra (1967), que utiliza acuarela y lápiz para evocar, en grandes dibujos y en sus frágiles estructuras, mitos y rituales protagonizados por figuras femeninas.

Para dar mayor peso a esta 59.ª Bienal de Venecia, tan femenina y feminista a la vez, la directora tuvo el buen criterio de intercalar en la exposición central varias secciones temáticas, como si fueran unos pequeños museos, que al menos presentaban obras de destacadas creadoras que tuvieron un protagonismo en las diferentes corrientes vanguardistas del siglo XX, en especial el surrealismo. Una manera de confrontar el pasado con el presente.

Un presente que, según la visión que transmiten muchos de los artistas en ésta y otras bienales, resulta bastante oscuro, con su cohorte de miserias y desastres. Las guerras, la violencia, los fenómenos migratorios y la destrucción del planeta son temas recurrentes y casi obsesivos de numerosos vídeos e instalaciones. Ésta es, digamos, la otra cara de la creación actual con vocación militante y comprometida, que contrasta con el espectáculo rutilante y frívolo protagonizado por celebridades como Jeff Koons o Murakami.

El arte de contenido sociopolítico y el compromiso de los artistas ante situaciones injustas o trágicas no es algo nuevo, por supuesto, y ha dado lugar a obras notables, desde Goya a Hans Haacke, pasando por Picasso con el *Guernica* o las pinturas de Juan Genovés y el Equipo Crónica con sus denuncias de la dictadura franquista, por citar sólo algunos ejemplos que han hecho historia. Pero, desde hace ya algunos años, la crítica constante a determinadas problemáticas sociales o políticas prácticamente se ha convertido en un discurso cansino y de obligatorio cumplimiento para aquellos artistas que quieren llamar la atención del *establishment* en el arte actual.

Así, Carolyn Christov-Bakargiev, directora de la Documenta 13 de Kassel, declaró de forma rotunda en una entrevista en la revista *El*

Cultural (8 de junio de 2012) que esta edición era «la antítesis de lo espectacular». Lo mismo que ya declaró en 1997 la directora de Documenta 10 Catherine David... Como se advierte, esta actitud combativa se repite y el fenómeno iba a intensificarse, porque la Bienal de Venecia de 2015, dirigida por Okwui Enwezor, ofrecía una visión tétrica del mundo contemporáneo y de las derivas del capitalismo, con más archivos y documentos que creaciones plásticas. El pesimismo ha continuado planeando en las sucesivas ediciones, con vídeos, películas, esculturas, fotografías, archivos, obras neoconceptuales y escasas pinturas que se inspiran directamente de la actualidad: los refugiados, el deterioro de la naturaleza, el calentamiento climático o la violencia sexual o racial. De modo que el arte ha dejado de ser estético para ser político.

Bien es cierto que los artistas no pueden permanecer ajenos al contexto en el que trabajan y que el arte siempre es en buena medida reflejo de su tiempo. Sin embargo, ocurre que con demasiada frecuencia suelen abordar estos temas, tan presentes en la prensa y en los telediarios, no tanto como creadores que pudieran trascender esta realidad inquietante sino como simples reporteros o documentalistas. A menudo la formulación de sus mensajes resulta excesivamente literal u obvia, como por ejemplo el muro con alambrada con el que la mexicana Teresa Margolles (1963) pretendía denunciar en la Bienal de Venecia de 2019 el conflicto migratorio en la frontera entre México y Estados Unidos. En esta misma edición, igual de simplista se nos antojaba la intervención *Barca Nostra* (2018-2019) del suizo Christoph Büchel (1966), que instaló en el muelle del Arsenal un destartalado barco de refugiados sin añadir nada de su propia cosecha.

El ecologismo es otro dogma que se ha impuesto en todos los ámbitos de la sociedad, aunque hace ya tiempo que esta preocupación ha sido abordada por artistas con diferentes lenguajes y recursos. De nuevo encontramos a menudo aparatosas instalaciones que a veces están demasiado pegadas a la realidad y pierden así la posibilidad de alcanzar un valor universal. Era el caso del laberinto minimalista construido con bloques de tierra y fibras naturales por la colombiana Delcy Morales (1967) en la Bienal de Venecia en 2022. A menudo nos topamos con obras más bien herméticas, que requieren un esfuerzo para ser descifradas o decodificadas, como ocurrió también en la misma edición con el curioso jardín de la británica de origen nigeriano Precious Okoyomon (1993), que con sus esculturas vegetales pretendía poner de manifiesto la incidencia de la colonización y de la esclavitud en la transformación de la naturaleza. Todo un programa que tal vez merecería ser acompañado de algunas explicaciones para que el supuesto mensaje de dicha instalación resulte realmente pertinente.

Las revisiones poscoloniales, el ecologismo radical y el neofeminismo son temas que están a la orden del día bajo el prisma de lo políticamente correcto, lo que ha dado lugar a toda clase de derivas. Así, para definir el programa del Museu d'Art Contemporani de Barcelona (MACBA), su directora, Elvira Dyangani Ose, habla de un «museo ecofeminista», tal y como figuraba en el dosier de prensa de la presentación de la temporada 2024. Y completaba esta afirmación proponiendo un museo «crítico y participativo que pretende inspirar cambios sociales a través del arte». A la vista de las exposiciones realizadas hasta la fecha por el MACBA, cuesta entender lo que se persigue realmente. Aparte del predominio de muestras dedicadas a mujeres artistas, que justifican, digamos, «el cupo feminista» de la institución, no acabamos de ver cómo el arte que se exhibe en el museo barcelonés pueda influir sobre posibles cambios sociales. A no ser que se quiera desviar la legítima vocación pedagógica de un museo público hacia ciertas formas de adoctrinamiento... Pero por el momento podemos estar tranquilos: el programa del MACBA resulta aburrido pero bastante inocuo, con proyectos de poca relevancia y escaso interés para el público. Con excepción quizá de la recuperación del trabajo de Teresa Lanceta (1951) y de sus originales creaciones textiles, las exposiciones de artistas como la norteamericana Nancy Holt (1938-2014), de la brasileña Cinthia Marcelle (1974) y de la colombiana María Teresa Hincapié (1954-2008), autora de vídeos y fotografías de sus performances, no han ofrecido ninguna revelación digna de ser reseñada.

El MACBA es el paradigma de muchas de las derivas que venimos comentando y es una lástima que se destine dinero público a programas mediocres que además, como ya hemos denunciado en anteriores capítulos de este libro, ofrecen una imagen desvirtuada e incompleta de la creación contemporánea, que por suerte es mucho más rica y diversa de lo que parece. Podemos citar, por ejemplo, el trabajo de la germanojaponesa Hito Steyerl (Múnich, 1966), cineasta y creadora de videoinstalaciones en las que desmonta con habilidad los mecanismos de dominio de las nuevas tecnologías. En la Bienal de Venecia de 2019 realizó una interesante instalación titulada *This Is the Future,* estéticamente muy bien resuelta, en la que, mediante la metáfora de un jardín virtual, cuestionaba el supuesto poder de la inteligencia artificial para anticipar el futuro. Dotada de un gran sentido de la ironía, no duda en denunciar sin tapujos a aquellos «artistas autoproclamados políticos que van por el mundo con toda seguridad como los socialistas-realistas o los situacionistas al estilo CNN» (declaraciones al *Magazine* de *Le Monde*, 22 de mayo de 2021).

En otro registro, pero igualmente comprometidos con su época, son los integrantes del estudio italiano Formafantasma, fundado en 2009 por Andrea Trimarchi y Simone Farresin, que centran su trabajo en investigaciones sobre temas ecológicos y su relación con circunstancias históricas, sociales y políticas. En la Trienal de Fotografía de Hamburgo de 2022 presentaron *Seeing the Wood for the Trees*, *Quercus* y *Cambio*, una trilogía creada para la Serpentine Gallery de Londres en 2020. Se trata de tres soberbias películas en las que evocan con inteligencia y un extraordinario sentido estético el devenir de los bosques en el mundo y su explotación por la industria de la madera desde el siglo XIX, en la que se entrecruzan algunos episodios del colonialismo. Mediante un tratamiento de la imagen muy original, estos trabajos, de una gran belleza, realizados con rigor documental y científico, constituyen un ejemplo notable de cómo trasladar a un lenguaje artístico una problemática ecológica.

Siguiendo esta idea, otro ejemplo podría ser la veterana fotógrafa Claudia Andujar (Neuchatel, Suiza, 1931), afincada en Brasil desde 1955, que ha dedicado gran parte de su carrera a defender a los indígenas del pueblo yanomani en el Amazonas mediante la realización de largas series de fotografías con una técnica impecable. Un compromiso que comparte con otro prestigioso fotógrafo brasileño, Sebastião Salgado (Aimores, Minas Gerais, Brasil, 1944), cuyos reportajes sobre el Amazonas y otros países también fascinan no sólo por la pertinencia de sus contenidos sino por su búsqueda constante de la belleza.

Algo sin duda muy valioso en estos tiempos en los que la evocación de la belleza sigue siendo un concepto menospreciado por los tenores del *establishment* del arte internacional, considerada como caduca e inútil porque según ellos no encaja con la sensibilidad actual, más bien proclive a la banalidad y al *dirty realism*. Por suerte, existen otras voces que la reivindican sin complejos para nuestro mayor placer y disfrute. Vean sino las hermosas fotografías de Albarrán Cabrera, dúo artístico formado por Ángel Albarrán (Barcelona, 1969) y Anna Cabrera (Sevilla, 1969), quienes afirmaban en la presentación de su exposición *Lo indiscutible* en la Fundación Foto Colectania de Barcelona en 2023: «La belleza es algo que hoy en día no está en boga, es como si fuese banal [...]. La belleza nos permite soportar la dureza de vivir». Influenciados por pensadores orientales y por escritores como Franz Kafka o Vladimir Nabokov, han construido un universo onírico mediante una sabia manipulación de múltiples procedimientos fotográficos: impresión en platino/paladio, pan de oro, gelatina de plata, cianotipia, impresión pigmentada, entre otros. Un complejo proceso de producción con el que los artistas consiguen unas imágenes tan originales como poéticas.

En estos años, la fotografía ha seguido teniendo un enorme protagonismo en el panorama internacional del arte, con un mercado cada vez más al alza, al tiempo que se puede observar un interés renovado por la pintura en galerías y ferias de arte. Y especialmente por la pintura abstracta, tal vez porque este lenguaje artístico ofrece un amplio registro de posibilidades expresivas y una libertad absoluta al creador. No deja de ser sintomático, por ejemplo, que en 2022 la revista *Beaux Arts Magazine* dedicara al arte abstracto un amplio dosier titulado «La nouvelle folie de l'abstraction» («La nueva locura de la abstracción») y que en junio de 2023 la galería Gagosian de Londres presentara la muestra *To Bend the Ear of the Outer World*, que reunía obras de cuarenta artistas, entre ellos el maestro de toda una generación, el alemán Gerhard Richter (Dresde, 1932), cuya continua reflexión sobre la práctica de la pintura y la ambigüedad de la percepción ha ejercido una inmensa influencia. Allí estaban representados algunos artistas reconocidos por su sólida trayectoria, como Jacqueline Humphries (citada más arriba), Vija Celmins (Riga, 1938), Mark Bradford (Los Ángeles, 1961) y Christopher Wool (Boston, 1955), todos ellos pintores con personalidad propia, que desde la realidad del presente exploran los caminos de la abstracción y abren diferentes perspectivas. Esta exposición incluía también obras de la norteamericana de origen etíope Julie Mehretu (Adís Abeba, 1970), una de las artistas más interesantes del panorama internacional, descubierta en la Documenta de Kassel de 2012 con sus pinturas monumentales semejantes a una suerte de paisajes mentales. Se trataba de composiciones muy sugerentes realizadas a partir de la superposición de fragmentos de mapas y de dibujos de arquitecturas que forman diferentes capas, luego cubiertas con un entramado de líneas y manchas de colores, lo que produce una sorprendente sensación de dinamismo. El resultado final se parece a una cartografía singular, fruto de una brillante síntesis entre expresionismo, suprematismo y abstracción geométrica.

Lo que une a estos creadores es, por supuesto, su voluntad de elaborar un universo propio que reivindica la autonomía de la pintura y se aleja de cualquier instrumentalización del arte en favor de intereses ajenos a su esencia. En sus investigaciones a menudo no dudan en mirar la herencia del pasado, que asumen a su manera y sin complejos, reactivando así la vitalidad de la pintura. En este contexto llama atención el trabajo de Jorge R. Pombo (Barcelona, 1973), que lleva años indagando en el proceso creador de los grandes maestros del pasado para desarrollar una interesante labor de destrucción y reconstrucción basada en un análisis profundo de las técnicas pictóricas. Para ello trabaja en largas series que llama *Variaciones*, a partir de determinados cuadros de la historia del arte, como *Cristo en la cruz* de Velázquez (2005), *El prendimiento de Cristo* de Caravaggio (2005) o *La Libertad guiando al pueblo* de Eugène Delacroix (2009). Pombo, que reside en Italia, fue el único artista invitado a exponer en la Scuola Grande di San Rocco en Venecia, donde a partir de las majestuosas pinturas de Tintoretto presentó dos conjuntos de obras monumentales: en 2018 las *Variaciones sobre la masacre de los inocentes* y en 2019 las *Variaciones sobre La vida de la Virgen María*, reunidas bajo el título *Maternità e Passione*. En 2023 ha realizado una obra colosal, *Il Giudizio Uni-*

versale, un conjunto de telas pintadas al óleo de quince metros de alto por doce de ancho, estableciendo un fascinante diálogo con el *Juicio final* de Miguel Ángel. Todo un reto fruto de un trabajo artesano y meticuloso, porque en su caso no se trata de una simple apropiación. En cada variación, Jorge R. Pombo copia íntegramente la obra original con el mismo formato y los mismos colores; luego metamorfosea por completo la imagen inicial con la ayuda de un disolvente, hasta provocar unos efectos aleatorios, en un proceso semejante al *action painting*. A continuación, el artista sigue interviniendo en el lienzo jugando con los efectos de transparencias mediante la superposición de diferentes elementos iconográficos fundidos en manchas de color. De hecho, Pombo vacía el cuadro de su contenido narrativo para configurar una nueva composición completamente abstracta, como si fuera un fabuloso truco de magia.

Los trabajos de estos artistas que acabamos de mencionar constituyen algunos ejemplos genuinos de lo que podríamos llamar el «otro arte contemporáneo», el que no busca ni la provocación ni las falsas transgresiones y no se somete a los dictados de la última moda del activismo sociopolítico. Son una especie de caminantes solitarios, podríamos decir, porque se alejan de las pretensiones reivindicativas de muchos de sus colegas, demasiado aferrados a una realidad prosaica; prefieren dar rienda suelta a su imaginación, a la especulación intelectual, y no renuncian a perseguir cierta idea de la belleza que, digan lo que digan, sigue formando parte de la condición humana. «La belleza apenas importa, es tan sólo una opción. Lo que es importante en el arte es el significado, y si hay belleza es porque contribuye a éste.[...] Pero yo no puedo renunciar a un mundo sin belleza. Sería como imaginar la vida sin bondad», escribió el filósofo y crítico de arte Arthur C. Danto en *El Cultural* (13 de septiembre de 2013).

Esta preocupación, sin embargo, no está en el debate actual del arte, que a la vista de las grandes manifestaciones internacionales, como las últimas ediciones de la Bienal de Venecia y de la Documenta de Kassel, parece ir por otros derroteros, o al menos es lo que sus comisarios y directores artísticos intentan poner de manifiesto. Promueven la idea de que el arte debería ayudar a cambiar el mundo o bien contribuir a contestar a los problemas de nuestra época. Por lo tanto, la vocación del arte deja de ser estética para ser supuestamente ética, aunque una opción no excluye la otra. Influenciados por esta tendencia generalizada, muchos artistas intentan convertir sus obras en el espejo de las miserias del mundo o en señales de alerta frente a las disfunciones de la sociedad, léase el racismo, la violencia contra las mujeres, la discriminación de las minorías, los conflictos armados, las cuestiones migratorias o las deri vas del capitalismo. Todos estos temas, en sintonía con la era de la corrección política que padecemos, siguen aflorando en diversas formas —vídeos, instalaciones, fotografías, documentales, numerosos archivos o escasas pinturas—, cuyos autores a menudo no se definen como «artistas», sino como «activistas». Esto evidentemente no impide que muchos de ellos estén representados por importantes galerías, ya que, como hemos visto, el mercado del arte acaba absorbiéndolo todo.

La importancia de la crítica sociopolítica en el arte ni mucho menos es un fenómeno reciente, pero se ha acelerado con el paso del tiempo, y en este aspecto la evolución de la Documenta de Kassel ha resultado ser paradigmática. Reconocida como la mayor manifestación de arte internacional del mundo, se supone que cada cinco años Documenta ofrece un estado de la creación contemporánea, revelando de alguna manera sus últimas tendencias y orientaciones. En 2017 su director, el polaco Adam Szymczyk, decidió celebrar la Documenta 14 en dos sedes diferentes: primero en Atenas y después en Kassel, para ampliar la proyección de esta megaexposición. Una novedad que tenía como objetivo llamar la atención sobre Grecia, un país entonces al borde de la bancarrota y sometido a duros recortes para salvar su economía. La intención era crear un evento que iba más allá de la exposición y extender su área de influencia a través de un programa de debates que, bajo la dirección del filósofo hipermediático Paul B. Preciado, implicaba a artistas, activistas, teóricos y escritores dispuestos a cambiar el mundo (es una manera de hablar). Por supuesto, predominaban las reflexiones sobre los conflictos internacionales, la ecología, la identidad sexual, la revisión poscolonial, etc., lo que reafirmaba el sometimiento del arte a la política. Estos temas centraban las propuestas del centenar de artistas participantes, los mismos en la exposición de Atenas y en la de Kassel, y que han dejado escaso recuerdo, con excepción quizá de la imponente intervención *The Parthenon of Books* (2017) de Marta Minujín (San Telmo, Buenos Aires, Argentina, 1943), que construyó en la plaza del Fridericianum, el eje central de la Documenta, una suerte de réplica del Partenón con miles de libros, en recuerdo de los que fueron prohibidos y quemados por los nazis.

El peso de lo político cobró aun mayor protagonismo en 2022 con Documenta 15, cuya dirección fue confiada al colectivo indonesio denominado ruangrupa (sin mayúscula). Era la primera vez que esta responsabilidad recaía en profesionales no occidentales, en un intento de abrir Documenta al conjunto del planeta. Los integrantes de ruangrupa se limitaron a seleccionar a unos sesenta participantes, en su mayoría colectivos, que a su vez estaban invitados a elegir a su antojo a creadores procedentes de todos los horizontes, lo que configuró una Documenta tan confusa como falta de coherencia. Y, por si fuera poco , la inclusión de una obra de carácter antisemita provocó un enorme escándalo que dañó mucho la imagen del certamen. Se trataba de un gran fresco de veinte metros de largo titulado *La justicia del pueblo*, un trabajo del colectivo de activistas indonesio Taring Padi concebido como «una crítica del sistema capitalista explotador y de la violencia militar». La obra mostraba a un soldado del ejército israelí con una cabeza de cerdo, un pañuelo con la estrella de David y la inscripción mossad en su casco. Se veía también a una figura fumando un puro con largos dientes, cabello rizado y un sombrero negro con la insignia de las SS nazis, que recordaba las caricaturas antisemitas de los judíos ortodoxos. Denunciada por antisemitismo por los representantes de asociaciones de judíos de Alemania y por la embajada de Israel, la obra fue cubierta por un velo negro, pero esto no evitó el descrédito de la Documenta a escala mundial. Para los organizadores del certamen, este episodio ha supuesto un choque brutal seguido de dimisiones, que ha sembrado serias dudas sobre cuál debería ser el rumbo de la próxima edición de 2027.

Fue un caso de extrema gravedad que no admitía excusas, ni siquiera en nombre de la libertad de expresión ni tampoco en el del arte, porque además allí sólo dominaba la mediocridad y la total ausencia de criterio intelectual. Ésta es otra de las derivas del arte «sociopolítico», que a menudo busca el escándalo y la provocación gratuitos. Abundan los ejemplos como el de Santiago Sierra, al que nos referimos en el capítulo anterior, o el de Eugenio Merino (Madrid, 1975), que en la feria ARCO de 2012 presentó *Always Franco*, una escultura hiperrealista de la figura del Generalísimo encerrada en una nevera. Una broma de mal gusto que, sin embargo, desató una fuerte polémica y estuvo a punto de ser retirada. La obra salió reproducida en todos los periódicos, pero nadie cuestionaba su pertinencia, y es así cómo, gracias al ruido mediático, puede triunfar la banalidad.

Con demasiada frecuencia se tiende a juzgar el trabajo de un artista únicamente en función de sus tomas de posición y de su compromiso social o político, y no por su capacidad creadora; es decir, se valora más la ideología que la estética. Una tendencia ampliamente apoyada por el *establishment* del arte internacional, como lo demuestra el palmarés que ofrece la revista británica *ArtReview* al elegir cada año a las cien personalidades más influyentes en todo el mundo. En 2023 el número uno del ranking recayó en la fotógrafa norteamericana Nan Goldin, no por un trabajo reciente sino por su campaña de denuncia contra las empresas farmacéuticas responsables de la crisis de los opioides que provocó miles de muertes en Estados Unidos. En 2022 el colectivo indonesio ruangrupa obtuvo el primer puesto a pesar de haber contribuido al descrédito de la Documenta 15. En 2021 ni siquiera fue una persona, sino el *token* ERC-721, convertido en la norma en el universo de los NFT. En 2020 le tocó al movimiento Black Lives Matter, creado en 2014, inicialmente para luchar contra el racismo en Estados Unidos. Su influencia, alentada a través de las redes sociales, se manifestó primero en las universidades norteamericanas y luego se extendió por todo Occidente para defender los derechos de las minorías. Su actividad ha desembocado en una suerte de nueva «religión» que ha llevado a ciertos colectivos a derribar estatuas de figuras vinculadas al pasado colonial y a la práctica de la esclavitud, y ha empujado a los museos a revisar la presentación de sus colecciones en nombre de la corrección política. Este movimiento ha ido más allá de la legítima reparación de casos de discriminación social o racial, sino que ha dado lugar a la llamada «cultura *woke*», que, con el pretexto de romper con los estereotipos raciales y sexistas del «supremacismo blanco y patriarcal», ha degenerado en la llamada «*cancel culture*», que amenaza con censurar cualquier expresión literaria o artística susceptible de herir a tal o cual grupo social, étnico o sexual. Así se ha llegado a la absurdidad de modificar el título de determinados libros o incluso de reescribir capítulos de ciertas novelas juzgados como ofensivos por los nuevos censores. En su libro *La religión Woke* (publicado originalmente en Grasset, 2022, y en castellano por La Esfera de los Libros, 2024), Jean-François Braunstein denuncia que «una ola de locura e intolerancia sumerge el mundo occidental y se lleva todo por delante: universidad, escuela, colegio, empresas, *media* y cultura con el propósito de deconstruir la herencia cultural y científica de Occidente».

Esta ideología, por supuesto, contamina la creación artística de tal manera que muchos creadores se creen en la obligación de evocar estas cuestiones en sus obras, alentados por la moda del activismo político, practicando la provocación gratuita o bien aplicando cierta autocensura. Se favorece así un lenguaje empobrecido, la falta de imaginación con pretensiones de ofrecer discursos edificantes sobre el planeta, el racismo, el género o la identidad sexual...

Tal vez para invertir esta tendencia reductora se nos antoja recordar, por ejemplo, esta reflexión de Thomas Mann al final del capítulo XXXI de su novela *Doctor Faustus* (1947): «El arte es espíritu y el espíritu no tiene por qué sentirse comprometido hacia la sociedad, la colectividad. En mi opinión esto le está prohibido en el nombre mismo de su libertad y de su nobleza. Un arte que "camina hacia el pueblo", que hace suyas las necesidades de la masa, del pequeño burgués, del vulgo, cae en la indigencia. Imponerle esta obligación, pongamos por caso por razones de Estado, y alentar tan sólo un arte inteligible para los mediocres, es la peor de las vulgaridades, un asesinato del espíritu».

Este comentario viene a cuenta para que reafirmemos la vocación universalista del arte y su ambición de trascender nuestra visión del mundo real. Pero, que quede bien claro, no criticamos a los artistas por inspirarse en la sociedad en la que viven, sino a aquellos que se limitan a instrumentalizar el arte y lo ponen al servicio de determinados dogmas sin ser capaces de conferir a sus propuestas una verdadera dimensión artística.

Y, siguiendo la senda de lo que vamos denunciando a lo largo de este ensayo, la última Bienal de Venecia de 2024, que acaba de inaugurarse en el momento de redactar estas líneas, lejos de corregir estas derivas vuelve a incidir en las mismas preocupaciones con un marcado carácter político. Con el título *Foreigners Everywhere* («Extranjeros en todas partes»), el comisario de la 60.ª edición, el brasileño Adriano Pedrosa, director del MASP (Museu de Arte de São Paulo), ha querido dar visibilidad a creadores no occidentales, principalmente a emigrantes, refugiados, exiliados, *outsiders* que trabajan en los márgenes del mundo del arte, indígenas que se sienten extranjeros en su propio país y artistas *queer*, como si una determinada identidad sexual fuera un criterio de talento.

En el texto de introducción del catálogo, Adriano Pedrosa recuerda que es el primer latinoamericano en dirigir el certamen veneciano y, además, que es «el primer *curator* en identificarse abiertamente como *queer* en la historia de esta Bienal de Arte». De allí que muchos de los 330 participantes seleccionados para la exposición central de la Bienal, se definan como «artistas *queer*»; aparte, su presencia se ve reforzada al incluir en el recorrido una sección especial dedicada a «la abstracción *queer*».

Al margen de estas cuestiones de género, omnipresentes en el contexto actual, esta selección responde más a criterios geopolíticos y etnológicos que artísticos, con la participación de creadores procedentes de Asia, África y América Latina. Su director se refiere esencialmente a aquellos artistas que, en sus palabras, «se han movido entre el *Global South* y el *Global North*, con dos temas centrales: la emigración y la descolonización».

Aquí se ha puesto el énfasis en determinados colectivos de creadores indígenas, como el MAHKU (Movimento dos Artistas Huni Kuin) de Brasil, que han pintado en la fachada del pabellón central en los Giardini un mural monumental inspirado en un mito ancestral; o el Mataaho Collective de Aotearoa, en Nueva Zelanda, integrado por mujeres maoríes, que han realizado una gigantesca estructura geométrica con cables de acero que cubre la entrada del Arsenal y que les han valido el León de Oro al mejor artista de la Exposición Internacional en la sexagésima Bienal de Venecia.

El León de Oro a la mejor participación nacional fue para el pabellón de Australia, donde el artista de origen aborigen Archie Moore (1970) presentaba una enigmática instalación titulada *Kith and Kin*, compuesta por un estanque lleno de un líquido negro, en medio del cual había dispuesto una gran mesa cubierta con pilas de papeles o archivos ordenados con gran cuidado. Es evidente que el público no podía leer estos documentos ni tampoco descifrar el árbol genealógico esbozado con tiza en un tablero situado al fondo del pabellón y envuelto en la oscuridad. Curiosamente, esta obra misteriosa nos traía a la memoria, por su formulación conceptual y por su carácter críptico, el trabajo de Hanne Darboven en la Documenta 11 de Kassel, el cual criticábamos por su opacidad en la introducción de este ensayo hace más de veinte años....

De modo que las derivas se suceden y, además, el activismo político sigue siendo un tema dominante en la línea de las anteriores bienales, con la presentación entre otros del colectivo *Disobedience Archive*, un proyecto creado por Marco Scotini, que desde 2005 ha constituido un archivo de vídeos de 39 creadores, centrado en la relación entre la práctica artística y el compromiso político. Se trata de una instalación con múltiples monitores que proyectan diferentes películas, en las que por ejemplo se ponen de manifiesto «las alianzas entre el activismo que crítica el capitalismo y los movimientos LGBTQ+ que han emergido a escala global» (sic).

Bien es cierto que en esta bienal hemos visto más pinturas que en anteriores ediciones, pero encontramos escasas sorpresas o revelaciones. Eso sí, llamaba la atención la presencia de numerosas obras algo antiguas de artistas vinculados al *outsider art*, es decir, de creadores que se sitúan fuera de las corrientes dominantes del arte occidental, autodidactas, visionarios sin formación académica, figuras marginales ajenas a las tendencias del mercado. Un ámbito del arte sin duda fascinante que ya reivindicaron a principios del siglo XX los surrealistas y más tarde los pintores del grupo CoBra, como Asger Jorn y Karel Appel, que proponían volver a las fuentes de la creación no «contaminada» por la civilización. Aquí se han incluido algunas obras emblemáticas y muy conocidas de la británica Madge Gill (1882-1961), autora de complejos dibujos creados en

1936 bajo la influencia del espiritismo, y de la suiza Aloïse Corbaz (1886-1964), representada por la espectacular pintura sobre papel de catorce metros de largo *Cloisonné de théâtre*, realizada entre 1941 y 1951 mientras vivía en un hospital psiquiátrico.

Por otra parte, abundaban los cuadros de artistas procedentes de poblaciones alejadas en países como Bolivia, Brasil, Colombia, Guatemala, Sri Lanka, Pakistán, Filipinas o Sudán, que evocan un mundo colorido y a menudo naif (en el buen sentido de la palabra), expresión genuina de su historia y de sus vivencias personales. Unas obras a veces originales y sorprendentes pero que, por supuesto, tienen poco que ver con el debate del arte actual.

No es ésta la primera vez que se incluye a artistas no occidentales en la Bienal de Venecia, pero ahora su reivindicación a gran escala podría interpretarse como cierto agotamiento de Occidente y servir de estrategia para el mercado del arte, que descubrirá en este escenario tan privilegiado a numerosos pintores y escultores desconocidos para promoverlos en galerías y ferias internacionales, como si fueran la «última novedad»; aunque, en realidad, la mayoría de ellos pertenece más al pasado que al presente. Curiosamente, esta bienal se parece más a un museo que a una manifestación de arte contemporáneo. De hecho, una gran parte de la exposición central está ocupada por varios ámbitos que Adriano Pedrosa llama «núcleos históricos»: uno dedicado a los artistas italianos que desarrollaron su carrera fuera de su país natal, como Tina Modotti (Ludine, Italia, 1896-México, 1942) y Gino Severini (Cortona, Italia, 1883-París, 1966); otro a la abstracción, tal vez el más logrado, con pinturas y esculturas realizadas entre 1915 y 1990, y el último, que reúne retratos de cien artistas de todo el mundo, se asemeja a una pinacoteca algo anticuada, una elección poco apropiada para una Bienal cuya vocación desde sus orígenes es ofrecer un panorama de la creación reciente.

Pero, más allá de estas derivas, hemos podido constatar que ahora mismo sigue habiendo ARTISTAS que no se dejan influir por los dictados de ciertos tenores del mundo del arte y que continúan experimentando cada día. Un ejemplo notable es el del pintor Zeng Fanzhi (Wuhan, China, 1964), que presentó fuera de la bienal una exposición sorprendente titulada *Near and Far/Now and Then*, una serie de cuadros recientes al límite entre la abstracción y la figuración, elaborados con una técnica pictórica muy especial que constituye un verdadero alegato a favor de la pintura. Zeng Fanzhi es uno de los artistas chinos más cotizados del mercado, que hace décadas se dio a conocer a escala internacional con el conjunto de sus impactantes retratos *Mask Series* (1994-2004). En esta última etapa de su carrera se ha concentrado en el estudio del pensamiento de los pintores chinos de los siglos XIV y XV. Una reflexión que le ha llevado a expresarse con un lenguaje cada vez más abstracto en obras de gran formato cargadas de espiritualidad, cuya temática es fruto de una síntesis entre la iconografía budista y la cristiana. El montaje realizado por el arquitecto Tadao Ando en el majestuoso edificio de la Scuola Grande della Misericordia resultaba espectacular, con una distribución de los cuadros que va *in crescendo* hasta llegar a la última pintura, *Nirvana* (2019-2023), que culmina (en el sentido físico y figurativo) el recorrido. La muestra se completaba con la presentación de dieciocho pequeñas obras sobre papel hecho a mano, de un refinamiento exquisito, inspiradas esta vez en los grandes maestros europeos del dibujo. Todo un lujo, sin duda, que nos reconcilia con el mundo a pesar de sus dramas y de sus despropósitos...

Sin embargo, a estas alturas del siglo, uno tiene la tentación de preguntarse: ¿qué es lo que puede aportar el arte en estos tiempos de crisis frente a la complejidad de las realidades culturales, sociales y políticas? Algunos surgieren que ya estamos entrando en la era del posthumanismo, en el que el ser humano ya no ocuparía el centro del mundo, como lo ha hecho desde el Renacimiento. Y, por otra parte, podemos preguntarnos también: ¿qué será del arte realizado por creadores transhumanos, es decir, que, gracias a la aplicación de ciertas tecnologías, consigan aumentar sus capacidades, tanto físicas como intelectuales? Estas cuestiones parecen pertenecer al universo de la ciencia ficción, pero no dejan de resultar muy inquietantes. Ante estas circunstancias, sin duda angustiosas, es posible que los artistas pudieran reaccionar apostando precisamente por un nuevo humanismo como antídoto, porque, en el fondo, el arte es una expresión inherente a la condición humana desde sus orígenes. El exceso de tecnología podría provocar quizá una reacción, un retorno a las raíces de la creación como una suerte de cortafuegos y, al mismo tiempo, olvidarse de esas derivas que hemos comentado para reencontrarse con su verdadera esencia. Tal vez sea sólo un sueño, pero el arte también es una forma de soñar, de evadirse y de superar la realidad. Ya se verá.

Barcelona-Venecia, abril de 2024

BIBLIOGRAFÍA RESUMIDA

Azúa, Félix de, *Diccionario de las artes*, Anagrama, Barcelona, 2002.

Baudillard, Jean, *Le complot de l'art*, Sens et Tonka, París, 1999.

Bellet, Harry, *Le monde de l'art s'écroule demain à 18h30*, Nil, Lyon, 2001.

Benhamou-Huet, Judith, *Art business. Le marché de l'art ou l'art du marché*, Assouline, París, 2001.

Cabanne, Pierre, *Entretiens avec Marcel Duchamp*, Editions Pierre Belfond, París, 1967.

Chadwick, Withney, *Mujer, arte y sociedad*, Destino, Barcelona, 1999.

Clair, Jean, *Sur Marcel Duchamp et la fin de l'art*, Gallimard, París, 2000.

—, *Considérations sur l'état des Beaux Arts. Critique de la modernité*, Gallimard, París, 1983.

Dagen, Philippe, *La haine de l'art*, Grasset, París, 1997.

Danto, Arthur C., *Más allá de la Caja Brillo. Las artes visuales desde la perspectiva poshistórica*, Akal, Madrid, 2003.

—, *The Abuse of Beauty, Aesthetics and Concept of Art*, Open Court, Chicago, 2003. [Hay trad. cast.: *El abuso de la belleza. La estética y el concepto del arte*, Paidós, Barcelona, 2005.

Domecq, Jean-Philippe, *Misère de l'art, Calmann-Lévy*, París, 1999.

Ewing, William A., *El cuerpo. Fotografías de la configuración humana,* Siruela, Madrid, 1996.

Fumaroli, Marc, *París-Nueva York-París. Viaje al mundo de las artes y de las imágenes*, Acantilado, Barcelona, 2013.

Goldberg, RoseLee, *Performance Art. Desde el futurismo hasta el presente*, Destino, Barcelona, 1996.

Heinich, Nathalie, *Le paradigme de l'art contemporain*, Folio Essais, Gallimard, París, 2022

Hughes, Robert, *A toda crítica*, Anagrama, Barcelona, 1992.

Julius, Anthony, *Transgresiones. El arte como provocación*, Destino, Barcelona, 2002.

Krauss, Rosalind, *L'originalité de l'avant-garde et autres mythes modernistes*, Macula, París, 1993.

Lucie-Smith, Edward, *Movimientos artísticos desde 1945*, Destino, Barcelona, 1995.

Michaud, Yves, *L'art à l'état gazeux. Essai sur le triomphe de l'esthétique*, Stock, París, 2003.

—, *La crise de l'art contemporain*, Presses Universitaires de France, París, 1997.

Moure, Gloria, *Jannis Kounellis. Obras, escritos 1958-2000*, Polígrafa, Barcelona, 2001.

Restany, Pierre, *Miralda! Une vie d'artiste*, Àmbit Servicios Editoriales, S.A., Barcelona, 1982.

—, *Le Nouveau Réalisme*, 10/18, París, 1978.

Rhodes, Colin, *Outsider Art: Spontaneous Alternatives*, Thames and Hudson Ltd, Londres, 2000. [Hay trad. cast.: *Ousider Art: Alternativas espontáneas*, Destino, Barcelona, 2002.]

Rochlitz, Rainer, *Subversion et subvention. Art contemporain et argumentation esthétique*, Gallimard, París, 1994.

Rush, Michael, *Nuevas expresiones artísticas a finales del siglo xx*, Destino, Barcelona, 2002.

Sánchez, Marc; Sans, Jérôme, *Quel est le rôle de l'artiste aujourd'hui?*, edición preparada por Frederica Flamigni y Vincent Honoré, Palais de Tokyo, París, 2001.

Tàpies, Antoni, *La realitat com a art*, Laertes, Barcelona, 1982.

Wolfe, Tom, *Bloody Miami*, Anagrama, Barcelona, 2013.

—, *La palabra pintada*, Anagrama, Barcelona, 1976.

CATÁLOGOS

Andy Warhol, Fundació Joan Miró, Barcelona, 1996.

Cocido y crudo, Museo Nacional Centro de Arte Reina Sofía, Madrid, 1994.

Colección de Arte Contemporáneo Fundació «la Caixa», catálogo razonado, Fundació «la Caixa», Barcelona, 2002, 2 vols.

En l'esperit de Fluxus, Fundació Antoni Tàpies Barcelona – Walker Art Center Minneapolis, Barcelona, 1994.

Equipo Crónica, Ministerio de Cultura, Madrid, 1981.

Fragilités. Printemps de Septembre Toulouse, Actes Sud, Toulouse, 2002.

Hans Haacke, Fundació Antoni Tàpies, Barcelona, 1995.

Idees i actituds entorn de l'art conceptual a Catalunya, 1964-1980, Generalitat de Catalunya, Barcelona, 1992.

Identitat múltiple. Obres del Whitney Museum of American Art, Consorci del Museu d'Art Contemporani de Barcelona, Barcelona, 1996.

Identity – and – alterity. Figures of the body 1895/1995. La Biennale di Venecia, 46 Esposizione Internacionale d'Arte, Marsilo, Venecia, 1995.

Jaume Plensa, textos de John Berger, Daniel Abadie y Manuel J. Borja-Villel, Fundació Joan Miró, Barcelona, 1996.

Louise Bourgeois, textos de Miquel Tàpies, Manuel J. Borja-Villel, Robert Storr, Rosalind Krauss y Thomas McEvilley, Fundació Antoni Tàpies, Barcelona, 1990.

Mapplethorpe, texto de Germano Celant, Electa, Fundació Joan Miró, Barcelona, 1994.

Moving image. Imatges en moviment, Fundació Joan Miró Barcelona, Zentrum für Kunst und Medientechnologie Karlsruhe, Oktagon, 1992.

Origen i visió. Nova pintura alemanya, Ministerio de Cultura, Fundació Caixa de Pensions, Madrid, 1984.

Mujeres de la abstracción, varios autores bajo la dirección de Christine Macel y Karolina Ziebinska-Lewandowska, Museo Guggenheim Bilbao, Bilbao, 2021.

Out of Actions. Between performance and the object 1949-1979, textos de Kristine Stiles, Guy Brett, Hubert Klocker, Shinichiro Osaki, Paul Schimmel, Thames and Hudson, Nueva York, 1998.

Tadeusz Kantor. La escena de la memoria, Fundació Caixa Catalunya, Fundación Arte y Tecnología, Madrid, 1997.

To be and not to be, Departament de Cultura de la Generalitat, Barcelona, 1990.

ÍNDICE ONOMÁSTICO